AF253890

EXPLICATION

DE LA

CÉLÉBRATION RELIGIEUSE DU MARIAGE

MISSION ET AVENIR

DES CHEMINS DE FER

AU POINT DE VUE DE LA PHILOSOPHIE CATHOLIQUE

PARIS. — IMP. W. REMQUET, GOUPY ET Cⁱᵉ, RUE GARANCIÈRE, 5.

DISCOURS

POUR LE

MARIAGE DE M. R...

INGÉNIEUR DU CHEMIN DE FER DU MIDI

AVEC MADEMOISELLE MARIE .....

PRONONCÉ LE 14 FÉVRIER 1863 DANS L'ÉGLISE SAINT-LOUIS-D'ANTIN, A PARIS,

PAR

M. l'abbé H. DUCLOS

VICAIRE DE LA MADELEINE

MEMBRE DE L'INSTITUT HISTORIQUE

PARIS

CHARLES DOUNIOL, LIBRAIRE-ÉDITEUR

29, rue de Tournon

1863

AVERTISSEMENT

On ignore très-généralement la signification de la plupart
des cérémonies qui constituent le culte religieux. Cela explique le motif qui m'a fait adopter la nature des aperçus
de ce discours. Quelques écrivains ont reproché aux catho-
liques de ne comprendre plus le sens de leur croyance et
de leurs pratiques religieuses. C'est ce que prétend parti-
culièrement M. Proudhon : « Le peuple, dit-il, ne comprend
rien aux cérémonies ; les dogmes ne sont point en rapport
avec son intelligence ; on ne lui traduit pas les prières. Placé
entre le spirituel et le temporel, habitué par son éducation
à les désunir, comment en saisirait-il la liaison ? En entrant dans l'église, il croit passer d'un monde dans un autre. »
(*Création de l'ordre dans l'humanité*, et opuscule sur *la
Célébration du dimanche*.)

M. Proudhon ne dit pas que des paradoxes, il met souvent
sa rude main sur la vérité.

La profession des jeunes époux, et leur situation de famille, feront comprendre aussi la large place que j'ai ac-
cordée, dans mon discours, à des considérations relatives
aux nouvelles voies de communications. Ce choix d'idées
spéciales sur lesquelles je me suis arrêté et appesanti,
m'était suggéré d'un autre côté par la composition de l'assistance, où devaient figurer des célébrités de la philosophie, des notabilités financières, des hommes politiques,
des savants, des économistes, des peintres estimés, d'autres

artistes distingués, et surtout un nombreux personnel d'ingénieurs de nos différents chemins de fer français et de femmes d'ingénieurs. J'ai cru distinguer M. Jules Simon, l'auteur célèbre des livres: *Du devoir ; l'Ouvrière*, etc., M. Emile Pereire, M. Perdonnet, directeur de l'École centrale des Ingénieurs civils, M. Surell, directeur de la Compagnie du Midi, M. Gouin, M. Ch. Robin, délégué de l'île de la Réunion, M. Julien, directeur de la Compagnie de l'Ouest, M. Vuignier, directeur de la construction des chemins de fer de l'Est, M. E. Chabrier, ingénieur civil, M. Lechatellier, ingénieur du Crédit mobilier, etc., etc.

Le discours qu'on va lire n'a pas été prononcé en son entier. Ce serait mal choisir son temps pour les longues harangues que de venir exiger une attention prolongée au moment d'un mariage, alors que les principaux intéressés sont si émus. Mais le discours entendu par extraits, à l'église, pourra être lu avec ses développements, à des heures plus calmes.

Je fus chargé, il y a quelques années, de diriger d'une manière spéciale l'instruction religieuse de la jeune personne maintenant mariée ; aujourd'hui, je lui demande la permission de lui laisser, dans mon imparfait discours, un souvenir, qui lui puisse être un écho lointain des faibles mais très-dévouées leçons d'autrefois.

Au bord de la Gironde, comme sur les rives de la Seine, ces pages, si Dieu les bénit, pourront exciter encore la volonté de chercher le bonheur dans le devoir, dans les situations modestes, et dans la constante pratique du bien.

VUE PRÉLIMINAIRE

I. Usage antique des vieillards d'Israël, expliquant à leurs fils les cérémonies et les fêtes. — Les cérémonies de l'inauguration matrimoniale. — Solennité de la célébration du mariage. — Changement que les chemins de fer apportent dans la vie publique et privée. — Révolution non moins profonde que le mariage opère dans la vie individuelle. — Joie maternelle de l'Église, quand ses fils chrétiens se marient.

II. Première cérémonie, il est *demandé* aux futurs époux *ce qu'ils veulent*. — Leur résolution définitive exprimée. — Harmonie du monde matériel et du monde moral. — Dans le monde physique, les forces ne sont rien sans la volonté. — *Antériorité* des lois par rapport aux êtres et aux forces. — Dans le monde moral, conciliation du plan providentiel avec la liberté humaine. — Pourquoi celui-ci rencontre celle-là. — Providence et liberté dans les mariages.

III. Deuxième cérémonie : Le *consentement formel* au mariage est *demandé* aux deux futurs époux. — Consentement déjà donné à la mairie : Pourquoi réitéré à l'église. — Raison de droit éclésiastique raison d'impérieux besoin du cœur humain. — Le capital social de l'humanité religieuse. — Le Dieu de la nature ; le Dieu de la Bible ; le Dieu du temple et de l'autel.

IV. Autre cérémonie : *Les futurs se donnent la main droite.* — Traces de cet usage dans l'antiquité chrétienne. — Il est le symbole de l'égalité de l'homme et de la femme au foyer domestique, de leur commune dignité.

V. La *pièce de monnaie*, qui a été bénite. — Les anciens Franks. — L'époux donnait à sa future épouse quelques pièces de monnaie. — La pièce d'argent, emblème de l'échange des qualités entre l'homme et la femme. — Engagement pour l'homme de faire honneur à son épouse. — Puissance civilisatrice des chemins de fer. — L'homme cosmopolite. — Nobles gages donnés par les honorables et laborieux antécédents du futur.

VI. Cérémonie de *l'anneau bénit*, que le prêtre présente à l'époux, qui le met lui-même au doigt annulaire de son épouse. — L'anneau

Monsieur,

Mademoiselle,

Autrefois, lorsque Israël, le jour du Sabbat, s'apprêtait à célébrer quelque fête religieuse, les fils demandaient à leurs pères : « Pourquoi ces fêtes, ces cérémonies, ces mystères, que Jéhova, notre Dieu, a institués? » et les pères répondaient à leurs fils, en leur expliquant l'origine, le but et le sens des cérémonies saintes[1].

Je vous dois, Monsieur et Mademoiselle, quelques paroles dans cette solennité importante pour vos âmes, et il m'a semblé utile d'expliquer devant vous les rites et les cérémonies de la célébration religieuse du mariage; il serait regrettable que de jeunes époux chrétiens, qui viennent avec une exquise délicatesse de sentiment et avec une imagination charmante, déposer leurs mutuels serments au pied des autels, ne comprissent rien aux mystères et aux cérémonies de l'inauguration matrimoniale; que le symbole, matérialisation expressive de l'idée, leur fût une lettre close, et

---

[1] « Nous fûmes esclaves d'un Pharaon égyptien, répondaient les vieillards d'Israël, et Jehova nous tira d'Égypte par la force de son bras..., il nous conduisit dans cette terre qu'il avait juré de donner à nos pères..., voilà pourquoi il institua toutes ces solennités, témoignage de notre reconnaissance et gage de *notre prospérité future.* »

qu'ils perdissent ainsi l'esprit du dogme et des traditions sacrées.

Les époques ordinaires de notre vie ici-bas, si l'on y regarde de près, se confondent dans une égale insignifiance.

Nos journées, avec leurs occupations, la série de nos semaines et de nos années, tout cela paraît important, *pris à part*, et dans *son temps;* nous en sommes occupés, troublés, émus, lorsque c'est encore à l'état d'actualité, quand ces choses sont en leur temps; mais d'ensemble et de loin, ces époques diverses se réunissent dans une insignifiance commune; le regard glisse sur elles; et si, plus tard, nous les cherchons des yeux, tout s'est évanoui, ou plutôt tout s'est confondu dans le souvenir indéterminé de nos ennuis[1].

Mais il est deux ou trois époques dans l'existence qui frappent et saisissent l'imagination et le souvenir humain, et forcent à s'y arrêter. Ce sont les deux extrémités de l'existence, le naître et le mourir, et, entre ces deux extrémités, l'époque du mariage. Fouillez bien dans la vie humaine, ce qu'il y a de plus solennel, ce sont bien ces trois moments.

Aussi voyons-nous intervenir, à ces trois moments, la loi naturelle, Dieu, la religion, ainsi que la société tout entière dans la personne de ses magistrats.

Il manquerait quelque chose à l'homme s'il n'était pas touché du mystère qui nous dérobe l'entrée et la sortie de ce monde, s'il ne s'inclinait pas souvent devant ces questions redoutables, s'il n'entrevoyait pas Dieu dans ces problèmes, s'il n'en revenait pas avec la ferme croyance de se savoir soutenu dans le bien par une main secourable et toute-puissante.

L'époque du mariage a une grandeur d'un caractère exceptionnel; l'homme est purement *passif*, aux deux extrémités de la vie présente, à la naissance et à la mort; mais se

---

[1] Un de nos meilleurs et de nos plus habiles écrivains, **M.** Prévost-Paradol, a écrit sur ces nuances avec une finesse remarquable d'observation et de style.

marier, c'est, d'après le catholicisme, faire un acte suprême de liberté, d'être libre. Deux personnes, pleines de vie et de jeunesse, veulent, sous la loi d'un serment divin, associer leur existence, vivre jusqu'à la mort sous le même toit, de deux vies ne faire qu'une vie, vivre l'un pour l'autre, communier aux mêmes idées, aux mêmes opinions, aux mêmes intérêts, aux mêmes espérances, aux mêmes douleurs, vieillir et s'éteindre ensemble. Qui ne voit qu'une telle époque occupe un rang important dans les saisons mémorables de la vie?

La solennité exceptionnelle de la célébration du mariage ne vient pas seulement de ce que l'homme n'y est point simplement passif, mais y fait au contraire l'acte suprême d'un être libre; elle vient encore des changements profonds que l'inauguration sacrée des époux opère dans l'existence individuelle, changements auxquels rien n'est supérieur.

Un fait du développement historique et social du progrès nous sert à mesurer la révolution que produit dans la vie intime un mariage contracté. J'en emprunte l'exemple à cette belle et nouvelle profession, qui n'existe que de notre siècle, qui met en jeu les diverses facultés de l'esprit humain, la théorie et l'application, la science et l'industrie, vers laquelle la société nouvelle tourne son entière activité, profession qui a suscité parmi nous toute une génération d'hommes de talent, je veux parler de la profession des chemins de fer, dont la mission semble avoir été de donner, dans la personne de nos ingénieurs civils et des ingénieurs de l'État, des conducteurs et des têtes pour cette grande armée de travailleurs dont le XIXe siècle est rempli.

Les nouvelles voies ferrées changent tout dans le monde social et politique, dans le monde industriel, dans la vie privée, comme dans les relations internationales; elles modifient les conditions de vie pour les habitants des cités et pour les populations rurales.

Jusqu'ici, la vie s'écoulait murée et sédentaire dans d'étroites frontières de ville, de village, de bourg, de province;

tout cela est changé. Changement dans les intérêts et les habitudes, changement dans la sociabilité.

Le chemin de fer incline vers l'association pour détruire de plus en plus l'individualisme; l'homme cesse d'être le citoyen d'un endroit, pour devenir l'homme du monde entier.

Le chemin de fer crée un accroissement d'échanges et une facilité d'échange des choses qu'on ne connaissait pas jusqu'à nos jours; il ouvre aux produits agricoles et industriels des débouchés interdits jusqu'ici; en même temps qu'il est un véhicule de bien-être, de civilisation et un agent de richesse, il vient en aide aux amis séparés, il diminue les peines de l'absence, il économise le temps, si fugitif dans cette vie si courte; il nous transporte d'un bout à l'autre du territoire, pour nous mener à nos affaires, ou pour aller baiser le front de nos amis.

Le chemin de fer ne nivelle pas seulement le terrain et les voies; il nivelle toute chose, il met le voyage, l'excursion, le pittoresque à la portée de toutes les classes.

Au point de vue de l'idée, il supprime les anciennes difficultés de propagande, en favorisant l'immixion constante des provinces, des circonférences et des centres; il met les esprits en rapport, par le *seul rapprochement des personnes;* la barrière des vieux préjugés religieux et politiques tombe; les divisions arbitraires tendent à s'abaisser.

La multiplicité hétérogène des intérêts criait jusqu'ici contre la fraternité évangélique; le chemin de fer lève cet obstacle, en créant la fusion et la *solidarité* des intérêts d'homme à homme, de peuple à peuple; il fait disparaître l'ancien usage de la force et de la guerre, pour y substituer la paix et la concorde.

La religion y retrouve, pour ses missionnaires, pour ses porteurs de christianisme, *ces ailes* et cette *facilité* de transport, que la grande âme de Fénelon réclamait, dans un immortel mouvement d'éloquence, quand il s'écriait : « Vents, portez-les sur vos ailes, ces hommes qui vont aux extrémités du monde, donner la civilisation avec l'Évangile, avec la foi religieuse. »

Ainsi, le chemin de fer introduit parmi nous un changement fondamental incomparable ; il n'y a pas jusqu'à la morale sociale, jusqu'au droit des gens, et aux conditions politiques qui ne soient atteints. Le chemin de fer, étant un agent tout puissant de vulgarisation générale des idées et des faits, « il n'y a plus de pays fermé où l'on ne puisse voir ce qui se passe ; il n'y a plus de peuple qui ne puisse facilement comparer ses institutions à celle des Etats voisins. En même temps que l'obscurité se dissipe autour de la locomotive, la loi du silence est brisée ; les plaintes des opprimés ont reçu des ailes [1]. »

Je ne donne qu'une idée imparfaite et rapide des modifications profondes que la création des voies ferrées apporte dans la vie générale, dans la vie collective et publique des sociétés modernes. Je n'ai parlé que des résultats acquis, je ne me dissimule pas cependant la part d'*inconnu* que recèle toute grande invention. Cela me suffit, Monsieur et Mademoiselle ; car nous voulons en venir seulement à mesurer la solennité de la célébration d'un mariage en tirant cette solennité exceptionnelle du fait des changements profonds qu'un mariage contracté entraîne dans la vie privée. Et le terme de comparaison, emprunté aux grandes nouveautés, à la véritable révolution produite par les applications de la vapeur à la circulation, dans le mouvement social, nous sert infiniment pour mesurer la distance qui séparera pour vous ce qui a été de ce qui va être. Autant les lignes ferrées changent la vie des peuples nouveaux, autant la résolution que prennent des époux chrétiens de vivre ensemble dans le mariage, produit une révolution foncièrement radicale dans la vie individuelle.

L'union que vous contractez vous introduit à un nou-

---

[1] Voyez le savant ouvrage de M. Audiganne, *les Chemins de fer aujourd'hui et dans cent ans*.

veau monde. Désormais les joies sont doublées comme les peines. On ne dépendait que de sa volonté sauvage et solitaire ; marié, il faut le concert de deux têtes libres, avant d'agir. Pour un seul, on était aventureux ; mais il n'est plus permis de demeurer téméraire quand on est deux. Jusqu'ici on n'avait que son propre caractère et ses défauts propres à supporter ; à l'avenir, ce sont deux unités de caractère et de défauts qu'on aura à subir ; une certaine indépendance relative distingue la personne libre encore du lien domestique, mais, quand on se marie, on abdique entre les mains d'un autre le domaine de soi-même.

Jusqu'aux expressions elles-mêmes employées pour désigner l'état du mariage, tout indique la grande et vénérable *nouveauté* qui se produit ; le mot mariage, et le latin *matrimonium*, qui dérive de *mater* et de *munus*[1], révèle déjà à la femme le but si grand et si noble de la société conjugale, la *maternité ;* et le mot de *lien conjugal* apprend à tous deux, à l'homme et à la femme, que désormais les perspectives sont changées avec les responsabilités, et qu'ils acceptent un joug commun, *commune jugum*, dit le latin, c'est-à-dire *conjugium*, ou lien conjugal.

Puissé-je, Monsieur et Mademoiselle, en vous expliquant le sens, le but, la portée morale, le symbolisme des rites et cérémonies de la célébration du mariage, faire rayonner jusqu'à vos cœurs d'utiles enseignements ! — Puissé-je vous indiquer les rapports qui peuvent exister entre une cérémonie ostensible et les affections de l'âme, et ajouter quelques traits lumineux à la science de vos nouveaux devoirs ! Peut-être, en joignant aux données de l'érudition mes propres impressions personnelles et le résultat d'un travail psychologique, arriverons-nous, avec l'aide de Dieu, à vous faire goûter la sainte splendeur de cette solennité intime. Il sied bien, d'ailleurs, qu'un ministre des choses religieuses vous transmette quelque conseils sincères et amis,

---

[1] Ainsi l'explique saint Augustin. (*Adv. Faust.*, XIX, 26.)

à travers ce monde enchanté d'espérance qui vous sourit, à travers les fleurs et les roses blanches qui ornent de jeunes fronts.

Je n'ai pas besoin de dire que l'explication des cérémonies du mariage est assez opportune, alors qu'on sait la joie profonde de l'Église, toutes les fois qu'ont lieu ces solennités saintes, qui vont créer ce qu'il y a de plus beau sur la terre, une famille nouvelle.

Venir, avec un vif sentiment de foi, participer à un sacrement, et le mariage est un grand sacrement dans l'Église, dit saint Paul, venir chercher à ces sources sacrées des éléments de régénération pour la vie profane, on ignore trop le bonheur que cela cause à l'Église qui a, plus que personne, des entrailles de mère, *sancta mater Ecclesia*, qui nous a enfantés et allaités avec sa doctrine, ses traditions, son culte.

Demander aux deux futurs époux *d'exprimer définitivement ce qu'ils veulent*, ou quels sont leurs projets; telle est, Monsieur et Mademoiselle, la cérémonie première par laquelle commence la célébration religieuse du mariage. (Nous suivons pour l'ordre le *Rituel Parisien*.)

Quand les deux époux ont répondu qu'ils viennent pour contracter mariage, le prêtre annonce devant le public cette intention dernière, ainsi que la proclamation des bans qui a été faite.

Savez-vous pourquoi l'Eglise exige qu'il soit fait, devant elle, acte de volonté libre par les contractants; pourquoi elle constate les longues délibérations, l'examen, la réflexion libre, avant de laisser s'engager personne sur cet océan du mariage, qui a ses îles fleuries, mais où se trouvent aussi des écueils secrets?

Cherchons-en la raison profonde.

Dieu a voulu que, dans l'univers matériel il fût visible à tous, que par derrière, par delà et par dessus les lois fatales de la matière, il y avait de l'intelligence et de la volonté, il y avait des principes et des origines de force, des principes et des causes de mouvement.

De même, et par une tendance analogue, le christianisme qui est le culte de la Providence dans l'ordre moral, a voulu qu'il fût évident pour tous, qu'au sein des événements intimes de la vie dirigés par la Providence dans le monde des esprits, outre l'intelligence, il y avait place pour la volonté et pour la liberté humaine.

Ainsi, dans le monde matériel, l'homme n'a pas de peine à reconnaître que les forces motrices de la matière sont les principes constituants de l'univers; que la force d'attraction est un principe général qui conserve le système du monde; que sous le nom de gravitation, elle est le principe de cohésion des éléments dont se compose notre globe; que sous le nom d'attraction moléculaire elle produit la formation et la conservation des corps particuliers qui sont à sa surface; qu'il y a, en outre, une force de locomotion qui s'appuie sur un point pour jeter une masse vers un autre point; une force d'élasticité, une force d'impulsion, une force de dilatation.

Là ne s'arrête point la mise en scène de l'univers matériel; Dieu a voulu faire comprendre à l'homme que le principe de la force n'est pas dans la matière; que les forces motrices sont soumises à des lois invariables; que les lois sont antérieures aux êtres et aux forces; qu'il n'y a des êtres et des corps particuliers dans l'univers que parce qu'ils existaient déjà, idéalement, dans les types de la pensée éternelle, créatrice et ordonnatrice. Dieu a voulu nous faire savoir qu'il y a des forces répandues au milieu de la matière, mais que ces forces ne sont rien sans la volonté, et qu'en définitive, la matière, par elle-même, n'est pas indépendante, qu'elle n'a pas la liberté d'action, et que c'est l'intelligence qui est la maîtresse de l'univers.

Ces vérités sautent aux yeux de tout contemplateur de la nature; je vois bien, dans le cheval, de la force et un appareil locomotif propre à opérer le déplacement; mais il faut, pour qu'il y ait déplacement, la volonté qui donne l'impulsion à l'appareil.

Je remarque qu'avec le levier, l'homme peut centupler sa puissance sur la matière, mais la volonté de l'homme est nécessaire pour que le levier soulève la masse inerte. D'où je conclus que le principe de la force n'est pas dans la matière, mais dans la volonté.

Et je retrouve cette leçon dans toutes les études sur la nature; nous admirons que les forces motrices de la matière n'agissent que dans des limites et des directions constantes; on a donc soumis ces forces à des lois; n'est-ce pas Dieu qui nous fait apercevoir ses intentions, sa trace, le vestige de l'intelligence? les sciences mathématiques, physiques, mécaniques, astronomiques et chimiques, constatent ces lois invariables qui règlent les forces agissant dans la matière.

N'avons-nous pas un fait qui est l'indice flagrant de l'*antériorité* des lois par rapport aux êtres et aux forces? Sans cela, si ces lois n'avaient pas existé avant que la force vitale eût été mise en exercice, le premier être végétal livré à la puissance des forces qui font monter la séve dans la tige, aurait pris des développements gigantesques et monstrueux; le premier animal aurait eu également une croissance indéfinie. Que pouvait donc l'auteur de la nature pour faire affirmer l'intelligence comme présidant à l'univers, que pouvait-il nous offrir de plus frappant, que cette loi de l'immutabilité des espèces et des genres, cette identité des conditions de développement qui régissent les forces des végétaux et des animaux, et leur sont antérieures[1]?

---

[1] La doctrine de la *persistance des espèces* sort plus triomphante, plus invincible que jamais des récentes attaques de la sience allemande et française. Le système de la *génération spontanée* ne s'étayait que de quelques expériences incomplètes; de sorte que Cuvier, M. Flourens, M. Clavé, restent avec leur apothéose de la *permanence*. Un naturaliste anglais, M. Darwin, vient de proposer un nouveau système, qui est une théorie intermédiaire entre la génération spontanée et la persistance des espèces. C'est, selon le mot de M. Philarète Chasles, la ~~théorie~~ du *changement*. Mais il est évident que la théorie ou l'idée

La leçon, on en conviendra, nous est péremptoirement donnée ; partout nous voyons l'identité des effets, des phénomènes, se courbant sous les lois ; partout les cristaux artificiels, la pluie, la neige, la foudre, se forment d'après des lois mathématiques, physiques, chimiques qui ne varient pas. Par conséquent l'intelligence a pris soin de donner une direction aux forces. Ainsi de toutes parts, nous sommes amenés à concevoir que les lois qui régissent l'univers sont antérieures et supérieures à la matière. De toutes parts s'élève ce cri, que, les lois des forces étant antérieures aux corps matériels, sont reçues conséquemment dans une intelligence antérieure et éternelle. En d'autres termes, Dieu oblige forcément la logique humaine à concevoir l'univers comme une réunion de types existants *a priori*, et dans lesquels la matière vient se combiner et se transformer incessamment sous l'action des forces qui la font mouvoir.

C'est ainsi qu'il nous est démontré expérimentalement que la liberté d'action de la matière est nulle ; et qu'elle n'a pas d'indépendance. Et, quand un corps, un être quelconque se présente sous nos yeux, nous sommes contraints d'y voir une application particulière des lois universelles et éternelles, un produit d'une volonté libre, douée de discernement et d'intelligence, ayant conçu idéalement cet être, et le réalisant au nom des lois et des forces imposées par cette intelligence, en tant que sagesse.

« d'évolution » qui explique certaines métamorphoses des êtres organiques ne détruit pas l'idée et la réalité de permanence qui caractérise l'univers. Il y a, dans le monde, de la mobilité et de l'immobilité, de la conservation et du renouvellement. Cela ne prouve point qu'on voie la nature dégager de nouvelles forces, de nouvelles essences, de nouveaux êtres, en dehors des lois générales de la matière. En ce qui regarde l'espèce humaine, les races ne paraissent pas physiquement modifiées depuis la crise diluvienne. « Les races, dit M. Clavé, subsistent et durent, l'Asiatique est maintenant aussi incapable d'analyse qu'il l'était aux premiers temps du monde, quand les premiers hymnes des Védas furent chantés et les premiers sacrifices offerts aux puissances élémentaires ; l'hymne du Nord n'a pas changé davantage. »

Que si nous entrons dans l'ordre moral, le christianisme affirme des vérités analogues ; il affirme que dans le monde des réalités affectueuses, dans la sphère des hautes négociations du cœur, pour l'homme et pour la femme, à travers le plan providentiel, la liberté humaine reste entière.

Il est vrai d'une part, d'après le mot d'un grand homme, que l'homme s'agite, mais que Dieu le mène ; mais il n'est pas moins vrai, d'ailleurs, que l'homme conserve la liberté de ses déterminations, et qu'il est placé, de par Dieu, au gouvernail de ses propres destinées.

Une épouse est amenée à un époux; ils vont confondre la trame de leurs deux existences. Pourquoi et comment, à partir d'un certain âge, devaient-ils se rencontrer sur le même chemin et continuer ensemble la route de la vie? nul ne le sait, c'est le fait providentiel; l'un était né sous un soleil, l'autre sous un autre soleil.

Mais les époux, en s'adoptant, n'en doivent pas moins faire un acte volontaire et libre; et c'est ce que le christianisme veut constater, en faisant exprimer une dernière fois par les deux futurs leur résolution définitive.

L'abeille nouvellement éclose, qui construit une cellule octogone pour les provisions d'hiver, ne sait pas qu'il y aura un hiver; qui donc l'amène à le faire? La chenille que nous verrons devenir insecte ailé, la chenille qui bâtit une chrysalide, qui se retire engourdie au sein de ce tombeau, ne sait pas qu'elle doit y subir une transformation complète; elle n'a pu calculer l'épaisseur des parois de son enveloppe, de manière à pouvoir la briser au jour de sa brillante résurrection.

Pourquoi ces spectacles? nous en avons l'explication dernière, c'est que, si toutes ces combinaisons, tous ces admirables calculs dépassent la portée de ces êtres, si le but de toutes les actions qu'ils exécutent n'est point connu par eux, c'est que, disons-nous, ce but et cette fin existent dans une pensée supérieure à eux, dans une volonté qui s'est substituée à la leur.

Oserons-nous dire que le détail d'un mariage, avant d'être réalisé humainement, est idéalement conçu et combiné dans la pensée divine? Pourquoi pas?

Seulement le christianisme veut que l'on formule la loi totale de l'homme, qui est un être mixte et complexe, esprit et matière, à la fois libre et cependant relevant des lois providentielles. Par un côté, l'homme subit les lois providentielles, dans les circonstances différentielles de sa naissance, de son mariage et de sa mort; par un autre côté, il est possesseur de sa volonté, de son libre arbitre, dans la sphère de ses destins personnels.

Voilà ce que la célébration du mariage veut constater avant tout; ainsi, Monsieur et Mademoiselle, à cette question : *Pourquoi votre mariage?* vous ferez deux réponses. Premièrement, votre mariage se fait parce que c'est *l'ordre de Dieu.* Les corps pèsent sur la terre : Pourquoi? à cause de la gravitation. Et qu'est-ce que la gravitation? *L'ordre de Dieu*, disait un grand naturaliste (Newton). Un acide, que la science appelle l'acide nitrique, éprouve une attraction plus forte pour le fer que pour le cuivre ; pourquoi ? cela tient peut-être à la figure, à la densité, à l'arrangement différent de leurs atomes. Pourquoi les atomes de tous les corps ne se ressemblent-ils pas ? Cela est, Dieu l'a ainsi voulu.

Pourquoi le présent mariage avec les circonstances qui l'accompagnent? c'est *l'ordre de Dieu.* Il y a une loi de gravitation pour les cœurs, qui est l'affection, comme l'attraction est la gravitation des corps. Saint Augustin a reconnu cette gravitation morale qui est l'ordre de Dieu dans le monde des esprits, et qui fait que celui-ci rencontre celle-là, et non pas cet autre, *amor pondus meum*, comme s'exprime l'évêque d'Hippone. Et on dirait comme si le sublime Michel Ange avait voulu, dans sa peinture du *Jugement dernier*, retracer la loi providentielle de gravitation des cœurs, quand il a placé à la droite du Christ ce groupe de femmes qui montent de la terre au ciel, sans ailes, sans anges qui les supportent et les aident. Elles s'élèvent vers la céleste demeure, pour ainsi dire, par leur propre poids, par le poids de l'amour, divin poids qui les porte vers le ciel ; divine gravitation qui engendre les sympathies et les affinités, et qui fait qu'on s'élève, comme s'élèverait un corps plus léger que l'air, et qu'on monte dans les sphères affectueuses. Et, selon saint Bernard, le plus haut degré dans les sphères affectueuses, c'est l'épouse, c'est l'amour conjugal, l'amour légitime de l'homme et de la femme[1].

Mais à la question : Pourquoi le présent mariage ? vous ajouterez, Monsieur et Mademoiselle, une deuxième réponse. Pourquoi ce mariage ? parce que vous le voulez ; parce que c'est le choix de votre liberté. Un ancien a dit avec une réelle éloquence un mot très-juste : « Ce n'est pas avec le cœur d'un autre que nous aimons, s'écrie Quintilien ; jamais la liberté ne nous est aussi nécessaire que pour le mariage[2]. »

Et pour renfermer toute la réponse dans un seul mot, vous direz : Notre mariage est le mystère même des destinées individuelles, qui est à la fois liberté humaine et providence divine. Un jeune homme vivait dans un foyer, modeste et laborieux. En même temps, une jeune et frêle créature, une jeune fille grandissait sous l'aile de ses parents ; elle était destinée de Dieu à quelqu'un, elle vivait déjà pour celui qu'elle épousera et qu'elle ignorait, elle nourrissait en silence la fidélité qu'elle devait lui promettre, elle lui immolait ses penchants, elle se reprochait tout ce qui pourrait déplaire un jour au moindre de ses désirs, elle se sacrifiait déjà, comme dit excellemment le P. Lacordaire, à son mari inconnu par un amour anticipé. Enfin les vues de la Providence éclatent ; on se rencontre sur le même chemin ; l'union sympathique naît des confor-

---

[1] *Suos habet gradus amor, sponsa in summo stat.*

[2] *Nunquam libertas tam necessaria quam in matrimonio. Quis enim amare alieno animo potest?* (Quintilien, *Declamatio* CCLVII.)

mités comme des contrastes ; la force et la faiblesse, la douceur et l'énergie s'appellent ; et bientôt la religion est appelée à cimenter un rapprochement souhaité.

Ainsi la liberté s'unit à la Providence, et le livre sacré de la Genèse nous en montre dans nos premiers parents la première conciliation. Quand la Genèse dit : « A peine sorti des mains du Créateur, le premier homme appela par leur nom toutes les créatures qui peuplaient la terre, cherchant déjà un compagnon semblable à lui-même » (Genèse, ch. II, v. 18, 20), la Genèse proclame le fait et la loi providentielle du mariage. Et lorsque, d'après la Genèse, c'est seulement après qu'Adam a cherché dans toute la création un compagnon de sa solitude, et l'a appelé de tous les cris de son âme, que Dieu tire la femme du sein de notre premier père, et la lui présente à son réveil (ch. II, v. 20, 22), le livre sacré consacre de son autorité l'existence et la nécessité de la liberté dans l'union matrimoniale.

Lorsque la résolution dernière des futurs a été manifestée, il y a une seconde cérémonie à laquelle s'attache le plus haut intérêt. Le ministre de la religion demande aux futurs leur consentement formel au mariage.

Les futurs le donnent et c'en est fait ; les anges inscrivent dans le ciel cet acte et ce serment, par lequel deux êtres libres et immortels se sont engagé leur cœur et leur foi inviolable.

Remarquons que le consentement a déjà été donné à la mairie. A la mairie et à l'église, il y a identité de vues : là le mariage est une institution ; ici, c'est un sacrement ; mais ce qui fait le fond du mariage à la mairie comme à l'église, c'est l'idée de perpétuité du lien qu'on contracte.

Pourquoi donc réitérer le consentement en face des autels ? Pour deux raisons : pour une raison de droit ecclésiastique d'abord ; en second lieu pour une raison d'impérieux et légitime besoin du cœur humain.

De tous temps les chrétiens ont cru devoir sanctifier leur entrée dans le mariage par les prières communes de l'Église et a bénédiction de ses ministres, et il n'y a aucun lieu de douter que cela ne vienne de la tradition apostolique, puisque saint Ignace martyr, disciple des apôtres, recommande la célébration religieuse du mariage : « Il convient aux hommes et aux femmes qui se marient de faire cette alliance, selon le jugement de l'évêque, afin que le mariage soit selon le Seigneur et que la cupidité n'en soit pas le principe. » (Epître de saint Ignace à Polycarpe.)

Ainsi, dès le Iᵉʳ siècle de notre ère, le prêtre priait pour l'heureuse réussite du mariage ; il bénissait ceux qui entraient dans l'état conjugal, et tous les fidèles se joignaient à lui pour attirer sur l'époux et l'épouse les grâces dont ils avaient besoin pour remplir les devoirs d'un état environné d'embarras, comme il est mêlé de douceurs [1].

C'est pourquoi nous voyons, dans ces âges anciens, les Pères de l'église, Tertullien, saint Ambroise, saint Augustin, proclamer la haute vertu de la bénédiction nuptiale [2]. Cela nous explique comment la pratique de célébrer les mariages en face de l'église, au pied des autels, devint bientôt la loi de l'Orient et de l'Occident. Ives de Chartres et Gratien nous rapportent l'ancienne discipline, observée en France, dans les premiers temps, pour la cérémonie religieuse à cet égard ; d'où il conste que l'on ne reconnaissait de valeur au mariage, au point de vue de la conscience, que lorsque l'union se formait en face des autels.

Certes, comme l'insinue un docte auteur, si déjà dans les lois romaines le mariage est considéré comme une

---

[1] L'influence du christianisme se fait sentir dans les décrets des empereurs païens des premiers siècles, alors qu'ils persécutaient les chrétiens ; la nécessité d'une consécration religieuse du mariage est formulée. Dans la loi 3 du code Théodosien (*de Nuptiis*), rapprochée de la Novelle 74, au IVᵉ chapitre et au 1ᵉʳ paragraphe, nous voyons l'origine de l'intervention de l'Église.

[2] Voyez les *Histoires de l'Église* par Fleury et Rohrbacher.—Les Pères des premiers siècles. — L'*Histoire des dogmes chrétiens*, par Henri Klée, traduite de l'allemand.

société dont les membres sont appelés à jouir en commun de tous les droits divins et humains (*jurium divinorum et humanorum consortium*), on peut se faire une idée de l'importance et de la haute dignité qui durent lui être attribués dans l'Église chrétienne ; et l'histoire témoigne hautement comment, à la lumière de la révélation chrétienne, la vraie notion du mariage se développa dans les intelligences, et comment, en même temps, elle fut traduite dans la vie réelle.

Du reste, au XVIᵉ siècle, le concile de Trente, reprenant l'œuvre du quatrième concile de Carthage qui datait de l'antiquité chrétienne, crut devoir formuler de nouveau la doctrine traditionnelle de l'Eglise sur le mariage, et remettre en lumière le caractère religieux et sacramentel qui y est inhérent. Le concile de Trente marque, dans les temps modernes, comme les travaux de saint Augustin dans les temps anciens, l'époque la plus importante dans l'histoire du développement de la doctrine de l'Eglise sur l'union des époux. Saint Augustin l'a exposée scientifiquement sous toutes ses faces; mais le concile de Trente, en définissant bien la formule dogmatique, empêcha, sans toucher aux juridictions civiles sur le civil, d'entraîner ce qui fait l'idée constitutive du mariage, dans la sphère des pouvoirs séculiers.

Voilà pourquoi les époux réitèrent à l'église le consentement mutuel : quand il s'agit du mariage, lien intime des âmes, il s'agit surtout du for intérieur des consciences, et l'on s'adresse à l'autorité religieuse reconnue par les chrétiens. De là, la lettre écrite par notre saint père le pape Pie IX, au roi de Sardaigne, en 1852, sur cette matière[1]; — de là, cet aveu, échappé à un de nos brillants publicistes, un

---

[1] Cette lettre est datée de Castel-Gandolfo, 19 septembre 1852. Sa Sainteté rappelle que ce n'est que dans le mariage-sacrement que se trouve la vertu morale, la force pour unir deux personnes chrétiennes par un lien qui oblige en conscience. Elle rappelle que le sacrement est « de l'essence même du mariage... »

de ceux qui nereculent devant aucunehypothèse et qui aiment
à creuser hardiment toute question, « la célébration du mariage, dit ce célèbre publiciste (M. Emile de Girardin), n'aurait jamais dû cesser d'être un acte purement et exclusive-
ment religieux, le mariage est un acte de la foi, non de la
loi. C'est à la foi à le régir ; ce n'est pas à la loi à le régler[1]. »

Il y a une seconde raison, outre le droit ecclésiastique, qui
fait qu'on vient réitérer le consentement mutuel à l'église ;
c'est pour donner satisfaction aux plus impérieux instincts
du cœur humain.

Se marier seulement à la mairie, cela serait-il suffisant
pour la conscience ? non. — Se marier devant le Dieu de la
nature, en présence de quelque grande scène de l'univers,
serait-ce suffisant pour le cœur ? non. — Se marier devant
une Bible, devant le Dieu que révèle l'Évangile, cela répon-
drait-il complétement aux exigences de l'âme ? non.

Pourquoi, quand on agite cette grande question de la
carrière matrimoniale, priverait-on l'homme de la somme
totale de mystérieuses assistances dont il peut disposer ?
Dieu est sans doute toujours et partout le même, mais il a
eu, relativement à l'humanité, des manifestations diverses
et successives.

Contempler Dieu dans les lois et les phénomènes de l'univers, c'est l'œuvre du philosophe, du savant et du poëte ;
chercher l'Homme-Dieu dans l'Evangile, le goûter et le sentir dans ces pages adorables, c'est excellemment l'alimenta-
tion du sentiment religieux. Mais quand le chrétien touche
aux époques exceptionnelles de la vie, comment lui défen-
driez-vous de déployer toutes ses ressources ? s'il a besoin
du Dieu tendre et paternel qui l'écoute et l'attend dans le
temple et à l'autel, qu'il aille lui demander cette onction

---

[1] *Liberté dans le Mariage*, par M. Émile de Girardin.

Montesquieu semble reconnaître la compétence et la prééminence de
la loi religieuse dans l'affaire du mariage : « C'est à la loi de la religion
à décider si le lien sera indissoluble ou non..... » (*Esprit des Lois*,
liv. XXVI, chap. XIII.)

fortifiante du sanctuaire qui excelle à rendre moins lourd le poids des émotions solennelles ! De même qu'il y a un capital social de l'humanité amassé par les découvertes successives de la science et de l'industrie, et par les progrès moraux et matériels, il y a aussi un capital social de l'humanité religieuse : ce sont les développements historiques du lien religieux ou du rapport de l'homme avec Dieu. Et quand il s'agit du mariage, quand on est au moment de prononcer, par son consentement, ce *oui* si considérable, ce *oui* à la fois si redoutable et si charmant qui produit des nœuds éternels, nous avons besoin que la Divinité ne reste pas derrière un voile solennel ni qu'elle se dérobe dans les nuages du vague : il faut que Dieu nous parle par des attentions toutes personnelles. Le Dieu de la nature, le Dieu de la Bible, le Dieu des lois invariables de la nature, même le Dieu de l'Evangile, est relativement froid, et comme enveloppé de la brume de la généralité vague. Le Dieu au nom duquel nous avons été baptisés, le temple qui nous rappelle les meilleurs souvenirs religieux, tels que la première communion, Dieu avec sa présence mystérieuse sous des voûtes déterminées et connues, voilà ce qui semble nécessaire pour les grands événements du cœur humain.

Êtes-vous, je le répète, dans les heures de poésie, ou d'investigation scientifique? allez sur les pas de Newton[1], de Linné[2], de Kant[3], devant la grande nature, et vous découvrirez comme eux

---

[1] Newton ne marchait que chapeau bas devant les grands spectacles de l'univers.

[2] « J'ai vu Dieu en passant, comme Moïse, s'écriait l'illustre Linné; je l'ai vu, disait ce naturaliste, et je suis resté muet d'étonnement. J'ai su découvrir quelques traces de ses pas dans les œuvres de la création. Et dans ces œuvres, même les plus petites, quelle force ! quelle sagesse ! quelle inexplicable perfection ! »

[3] Le plus grand philosophe de l'Allemagne, après Leibnitz, le célèbre Kant, a dit : « Il y a deux choses dont l'admiration augmente sans cesse en mon âme; la vue du ciel étoilé au-dessus de ma tête et la loi morale au dedans de moi. »

quelques traces de Dieu dans la création. Vous trouvez vous dans un de ces moments où vous voulez que l'infini, incarné, humanisé, parle à votre âme? ouvrez les saints Évangiles, qui ont arraché à Jean-Jacques des pages inimitables sur la sainteté incomparable de ce livre inspiré. Mais au moment de se marier, le cœur humain réclame le Dieu de Fénelon et de Bossuet, de sainte Thérèse et de Silvio Pellico[1], celui qu'ils adoraient dans l'église, celui qui a dit : « Quand vous serez deux ou trois rassemblés en mon nom, je serai au milieu de vous. »

Ainsi les époux viennent réitérer le consentement mutuel à l'église, parce que le Dieu qui importe à l'homme doit être un Dieu de miséricorde, de sympathie attentive, manifestée historiquement en faveur de chaque individualité humaine.

Le Dieu du temple et de l'autel achève effectivement l'échelle des miséricordieuses condescendances de l'Être éternel envers l'homme. Le Dieu de la tradition catholique est, dans un sens éminemment vrai, le Dieu de l'homme, de l'homme qui veut qu'on l'entende, qu'on l'écoute, le regarde, de l'homme qui veut qu'ici-bas et là-haut on l'aime, on s'intéresse à lui, qu'on l'écoute prier, qu'on prie pour lui et avec lui, de l'homme qui s'aide du recueillement mystérieux de l'église, de l'ombre du soir, des premiers rayons du jour, des pompes explicites du culte, qui veut des formules, des cérémonies, des oraisons, expressément faites pour les différents moments de son existence, pour ses jours de bonheur et de tristesse, pour toutes les initiations au choses austères de la vie.

Ah ! Monsieur et Mademoiselle, quand fut-il jamais plus besoin du Dieu du temple et de l'autel, qu'à l'heure où vous

---

[1] Silvio Pellico, qui avait connu les doutes de notre siècle, subit plus tard une transformation par la grâce divine. Un jour, après un acte de fervente piété dans une église, il s'écriait : « Je l'ai vu, Dieu, je l'ai senti. »

vous trouvez, quand il s'agit de donner cet important consentement qui va vous être demandé?

L'homme est averti qu'il commence une carrière nouvelle, qu'il va comme Adam devenir le chef d'une famille, et qu'il se charge de tout le fardeau de la condition humaine. La femme n'est pas moins instruite de la gravité de sa mission; l'image des plaisirs disparaît à ses yeux devant celle des devoirs.

Voilà pourquoi on se marie devant Dieu et à l'église; au moment du mariage, on est devant un monde infini d'éventualités et de conséquences, et il en est des individus comme des États; car on doit s'appliquer cette parole d'un ouvrage littéraire :

> Et j'ai toujours connu qu'en chaque événement
> Le destin des États dépendait d'un moment.

On vient se marier devant les autels, l'homme pour consacrer sa liberté à son épouse, la femme pour venir compléter ses idées des devoirs de l'épouse et de la glorieuse vocation de la mère. Tous deux viennent s'offrir autre chose que devant le magistrat civil, autre chose que la *surface du cœur*, mais le cœur lui-même.

Ne vous étonnez pas dès lors de l'instinct qui a guidé tous les peuples et tous les législateurs. En tout temps, on a senti la nécessité d'une consécration divine pour la solennité domestique du mariage; en tout pays, il a fallu l'intervention de la religion avec ses pompes touchantes. Sans rien diminuer de la majesté des magistratures séculières et de la gravité de la loi civile, le mot de famille étant un mot sacré, on comprend qu'avant de le prononcer, on veuille signer son front, et qu'on réclame une inauguration à laquelle ne manquent ni la grandeur sévère de la scène, ni une puissante diffusion de lumière, de chaleur et d'onction, ni ce mélange des souvenirs et des actualités, des rites et des formules, des choses d'autrefois et des choses d'aujourd'hui, qui parlent tout à la fois à l'imagination, à la sensibilité, à la raison et à la piété de l'humanité.

Au moment de demander le consentement, le prêtre avertit les futurs de *se donner la main droite*.

Cette cérémonie de la main que se donnent les époux est d'un usage antique. Saint Grégoire de Nazianze (v° siècle) en parle comme d'une pratique ordinaire en son temps. Ne pouvant assister au mariage de la fille d'Anysius, il écrit au père : « J'y serai en esprit et en affection ; je célèbre la fête de ces noces, et *je joins les mains de ces jeunes gens l'un à l'autre*, et toutes les deux à celle de Dieu. » (Épît. 57.)

« Lorsque le prêtre aura requis le consentement de l'époux et de l'épouse, dit un vieux pontifical manuscrit du monastère de Lire, au XII° siècle, le père ou les amis donnent la fille à l'époux, qui la recevra en foi de Dieu... Qu'il la *prenne par la main*, tandis que le prêtre fait une courte prière. »

Nous voici, par cet épisode de la cérémonie, transportés aussitôt à l'un des grands horizons du mariage catholique. La présentation des mains est le symbole de la commune dignité des époux chrétiens, de l'égalité de l'homme et de la femme au foyer domestique, nouveauté très-singulière, qui n'avait été comprise ni de la plupart des peuples, ni des civilisations antiques.

Et, que je vous rappelle ici, Monsieur et Mademoiselle, de vous attacher inébranlablement, à cette idéale et divine figure qui a illuminé vos esprits comme vos berceaux, la figure du Christ.

Le Christ est l'initiateur par excellence ; nous lui devons avec le salut de nos âmes, la rédemption de notre liberté ; par le Christ, le monde eut la femme de plus, l'esclave de moins, dit un noble écrivain, et l'Évangile éternel de la fraternité !

L'époux et l'épouse se donnent la main dans la cérémonie de la célébration, c'est qu'il ne s'agit plus d'un maître et de son esclave ; il y a ici un sacrement dont la première condition est l'égale liberté des contractants, l'égale dignité des époux; voyez toutes les cérémonies, et trouvez-y un seul signe de la domination d'un côté et de l'esclavage de l'autre!

Chose étrange! qu'on ait pu en venir au dogme impie de l'infériorité de la femme! comme si Dieu n'avait pas conféré à la femme la plus noble, la plus haute, la plus difficile de toutes les fonctions, la maternité! Par la maternité physique et morale, la femme s'élève. Elle n'est pas irresponsable et désœuvrée. Elle répond devant Dieu et devant la société de l'éducation première des enfants. Elle tient dans ses mains, et elle le sait, l'œuvre de l'avenir et elle en répond; la trame qu'elle ourdit est celle de l'humanité. Elle a pour mission de former le caractère, l'esprit et le cœur [1].

Vous continuerez d'être, Mademoiselle, ce que vous avez été, naturellement chrétienne; la seule reconnaissance vous y obligerait; la femme doit au Christ sa libération spirituelle, sa rédemption sociale, son émancipation morale [2].

Poursuivons. — Il est d'usage que l'époux présente à l'épouse une *pièce de monnaie* qui a été bénite. Cet usage, le christianisme l'a sanctifié et l'a maintenu, parce qu'il se lie à une des perspectives, à l'une des conditions qui doivent protéger le foyer nouveau. Chez les anciens Franks et les autres peuples germaniques, nous voyons qu'en effet l'époux donnait à sa future épouse quelques pièces de monnaie, c'est-à-dire un *sou et un denier*, suivant la loi salique. Ce fut en cette

---

[1] **M.** Émile de Girardin a écrit sur ce sujet une noble page, dans son livre : *Liberté dans le mariage.*

[2] Un mot de Caton nous révèle combien l'ancienne Rome avait perdu le sens de l'égalité de l'homme et de la femme au foyer domestique. « Si la femme, dit Caton, se rend coupable de faute grave contre la foi conjugale, vous pouvez la tuer. Pour elle, si elle apprenait que vous violez cette même foi, elle n'aurait pas même le droit de vous toucher du bout du doigt : *neque digito auderet contingere, neque jus esset.* » (Aulu-Gelle, liv. X, chap. XXIII).

Mais voici les mœurs chrétiennes : elles sont bien rendues par une poétique et touchante formule d'une loi indienne : « Une femme, eût-elle fait des fautes, ne la frappez pas, même avec une fleur. » (*Digest of Hindu law,* lib. II, vers. 209.)

manière, d'après un historien [1], que le roi Clovis épousa Clotilde. *Legati offerentes, solido et denario, ut mos erat Francorum, eam partibus Chlodovœi desponsant.*

Saint Augustin nous parle des *tables matrimoniales*, qui n'étaient que les contrats, les conventions entre les époux et les parents, et qui réglaient les intérêts de famille, dont la pièce d'argent employée dans la cérémonie religieuse est la simple représentation symbolique.

Mais, la dot et la pièce d'argent élèvent la pensée vers des considérations plus hautes. De même que le mariage signifie, d'après saint Paul, l'union de Jésus-Christ et de son Église, les grâces que le Christ transmet à son épouse mystique, et la reconnaissance que l'Église porte à son Époux divin ; de même la pièce d'argent que les futurs époux se passent de main en main, exprime l'*échange aimable* et permanent qui se fera toute la vie entre l'homme et la femme, l'échange de leurs qualités respectives.

Je dirai même, pour creuser davantage dans le sens spirituel et moral, qu'il faut voir, dans cette cérémonie de la présentation d'une pièce de monnaie, quelque chose de plus significatif, de plus mâle et de plus viril encore ; je veux voir dans cet emblème matériel, une sorte d'*engagement* que prend un homme de faire honneur à celle qui devient son épouse.

Quand on est, Monsieur, dans une carrière comme la vôtre, on honore déjà la femme qu'on prend pour compagne perpétuelle. Le chemin de fer a sa place importante dans l'œuvre de la civilisation générale, comme dans l'histoire des grands progrès de l'humanité.

C'est à la science économique d'expliquer, comment, grâce à ces voies nouvelles de communication, grâce à l'invention des voies ferrées, il y a raison d'espérer une grande extension de puissance matérielle pour les sociétés humaines, des raisons d'espérer que l'homme de travail, moins menacé des

---

[1] Frédégaire.

étreintes de la misère, moins exposé à tomber dans l'abrutissement qui la suit presque toujours, doit gagner en moralité[1].

Le chemin de fer s'est produit, c'est qu'il avait sa raison d'être ; il créera de la richesse, par le fait même qu'il crée des facilités de mouvement, je n'ai pas à l'expliquer devant cette docte assemblée.

On a pu craindre que, avec le développement des intérêts matériels ne marchât pas le développement des facultés de l'âme ! Des controverses ardentes, passionnées, ont été suscitées. S'il en était ainsi, certes la vapeur et les lignes de fe n'auraient pas servi la cause du progrès social ; mais espérons que ce n'était que des alarmes gratuites où des esprits éminents avaient été jetés, par une peur exagérée, des instincts industriels de l'époque.

Nous pensons avec la masse des bons esprits que l'avenir est appelé à voir les applications les plus fécondes et les plus éclatantes de la puissance civilisatrice des chemins de fer. Nous pensons que les voies ferrées ne transportent pas seulement des personnes et des marchandises, qu'elles transportent aussi des idées, une religion, une civilisation,

Comme cet homme illustre de Port-Royal (Nicole), qui bénissait la découverte de l'imprimerie, en disant que « Dieu avait fait trouver cet art pour l'avantage des particuliers[2], » je bénis à mon tour l'invention providentielle des voies ferrées, parce que sans doute Dieu a le dessein de rendre l'homme cosmopolite, par la facilité et la rapidité des communications[3].

---

[1] Des *Revues* françaises et étrangères ont souvent effleuré la question des chemins de fer, sous le rapport de la moralité. On a redouté surtout la perturbation que les voies ferrées apporteraient dans les masses rurales, qui seraient tentées de déserter les campagnes, pour encombrer les villes. M. Audiganne a accordé quelques chapitres sensés à ce sujet, dans son ouvrage sur les chemins de fer.

[2] *Traité de la Prière*, par Nicole.

[3] On connaît le *Mémoire*, présenté à l'Institut par un écrivain diplo-

L'étude de l'histoire nous montre les peuples marchant de conquête en conquête. Le chemin de fer, ce prodigieux spectacle d'habileté et de force, vient prendre sa haute et noble place, à la suite de ces grands faits, qui ont influé sur les destinées du monde, tels que les croisades et la révolution qu'elles causèrent dans les propriétés féodales, la découverte du Nouveau - Monde et l'influence monétaire qu'elle exerça. Le chemin de fer et la télégraphie électrique, deux inventions inséparables, conquêtes sur le temps et sur l'espace, ont complété aujourd'hui les autres découvertes mémorables du XVIᵉ siècle, ainsi que la mise en œuvre des grands et immortels principes de réforme politique et sociale, que nos pères proclamèrent dans les derniers jours du XVIIIᵉ siècle.

C'est ainsi, Monsieur, que par le fait de votre noble carrière, vous êtes un des ouvriers de ce grand mouvement du XIXᵉ siècle, dans lequel s'achève la triple révolution intellectuelle, matérielle et sociale, signe distinctif des temps modernes et qui consiste à supprimer le temps, les distances, à rapprocher toutes les parties de la terre habitée, mettre le monde en communication perpétuelle, à créer, pour ainsi dire, l'*universalité des événements*, à faire disparaître les préjugés internationaux, à fusionner les intérêts des individus et des peuples, à constituer l'unité morale et sociale du globe par la solidarité, à réaliser les idées d'égalité, de liberté civile et de fraternité universelle. La création des voies ferrées est ainsi une des plus glorieuses étapes de la marche progressive de l'humanité.

Mais, devrais-je blesser des modesties, je sortirai des gé-

mate, par M. Vérard de Saint-Anne, concernant le projet de télégraphe électrique destiné à relier les cinq parties du monde; l'auteur du Mémoire propose l'établissement d'un télégraphe international qui utilisant les lignes européennes déjà en exercice, les raccorderait avec le réseau anglo-indien, longerait les côtes asiatiques, et rejoindrait les lignes américaines par le détroit de Behring et les îles Aléoutiennes.

Ainsi, par la vapeur et par l'électricité, on marche au cosmopolitisme.

· néralités et je dirai, Monsieur, que votre passé et votre présent sont un gage de l'avenir. Lorsque, dès le début, on s'est posé, aux yeux d'une grande administration, comme vous l'avez fait, avec les notes les meilleures, et que vous avez grandi, sans protection, par votre seul mérite ; lorsque après une construction d'un chiffre étonnant de kilomètres de voie dans un temps donné assez restreint, vous avez, à votre insu fait naître en votre faveur parmi les administrateurs du comité local de Bordeaux une sorte d'émulation spontanée, qui est remontée jusqu'au conseil de Paris..... il n'en coûte pas alors, après avoir reçu de si flatteuses distinctions, de prendre l'engagement que la religion sollicite en cet instant de vous, l'engagement d'honorer la compagne de votre vie. Vous trouverez dans votre énergie des éléments de persévérance. Vous allez remettre à votre épouse la pièce de monnaie, en vous identifiant à cet expressif emblême. Votre conduite à venir, votre amabilité, votre honorabilité, vous les puiserez dans le génie de votre affection conjugale, si vous ne les trouviez pas déjà dans votre droiture innée.

Le bon jugement, la netteté d'esprit, dont vous avez fait preuve, la confiance absolue que vous avez su inspirer et mériter, dans des opérations et des maniements de fonds sur une grande échelle (plus de 1,500,000 francs), les suffrages de vos égaux qui vous ont unanimement accordé une estime cordiale, tout cela forme un faisceau d'indications non équivoques ; ce sont les gages éloquents que vous donnez à l'avenir. Et, pour tout dire, cette bonne réputation que vous avez su conquérir dans la Compagnie du Midi, révèle cette honnêteté industrielle, signe de la probité intérieure, cette ambition pacifique, cette nature vive d'intelligence et en même temps remplie d'équilibre, cet amour du travail, cet esprit de conduite, qui sont dans nos sociétés laborieuses, les meilleures prophéties de l'harmonie des maisons naissantes et par suite le juste orgueil des femmes nouvellement amenées sous le toit conjugal.

Après la pièce de monnaie, le prêtre *présente l'anneau béni* à l'époux, qui le met *lui-même au doigt annulaire de la main gauche de son épouse*, en prononçant une formule.

Les anciens avaient déja cette coutume de donner un anneau pour la célébration du mariage, et le christianisme, loin de la rejeter, en a voulu rehausser et bénir le symbolisme. Pline dans son XXXIIIe livre de son *histoire naturelle* (C. 20, *de vitis patrum*) nous assure que de son temps, c'était l'usage d'envoyer à la future épouse un *anneau de fer*, sans aucun ornement de pierre précieuse ; ce qui était un reste de l'ancienne simplicité romaine, chez qui les anneaux d'or étaient interdits à tout le monde, excepté à ceux qui étaient chargés de traiter des affaires importantes chez les peuples étrangers [1].

L'anneau signifie d'une manière excellemment énergique les résultats inhérents au mariage contracté [2].

Un écrivain original du XVIe siècle, s'écrie, au sujet de l'union de deux jeunes cœurs par les liens sacrés ; « douce société de vie, pleine de constance, et d'un nombre infini d'utiles et de solides offices, et à le bien façonner et à le bien prendre, la plus belle pièce en notre société » mais la stabilité du lien conjugal, figurée par l'anneau, entretient précisément cette confiance charmante dont parle Montaigne. C'est qu'il se forme ici, un lien qui n'est pas fragile, et l'anneau représente l'indissolubilité de la chaîne conjugale, dont le mot lui-même, considéré dans son étymologie latine, exprime un joug commun, *commune jugum, conjugium.*

---

[1] Marius n'en porte point même dans son triomphe sur Jugurtha ; il ne commence à en avoir qu'à son troisième consulat.

[2] S. Isidore explique que l'anneau se met au *quatrième* doigt de la main, parce que, comme on le dit, il y a une veine qui porte de là le sang jusqu'au cœur. C'est un signe, ajoute-t-il, pour unir le cœur des époux par ce gage précieux de leur amour.

Dans les anciens temps, le pape Nicolás Ier, dans sa réponse à la consultation des Bulgares, parle de *l'anneau nuptial : postquam arrhis sponsam sibi sponsus per digitum fidei a se annulo insignitum desponderit.*

C'est que une fois unis par la main de Dieu, les époux ne se séparent plus, et ne peuvent être séparés ; et, comme dit un philosophe éminent du commencement de ce siècle, « la rupture (le divorce) suppose deux individus ; et le mariage fait, il n'y en a qu'un [1] ». C'est le mot des livres saints : ils cesseront *d'être deux ;* ils ne formeront qu'un seul corps et une seule âme ; ils seront deux dans une seule chair ; (Genèse chap. II, v. 3, 24. — Saint Mathieu, XIX, 6, — Saint Marc, X, 18.)

L'anneau béni rappelle encore la double autorité exercée dans la famille, où, les droits étant égaux entre l'homme et la femme, les fonctions se partagent selon les aptitudes, le commandement et la force attribués au mari, la grâce et la miséricorde à l'épouse. L'anneau rappelle surtout la soumission de la femme, et aussi la *fidélité mutuelle* et inviolable des deux conjoints. Les deux futurs engagent réciproquement leur foi, l'un en donnant l'anneau, l'autre en le recevant.

Un vieil historien national, Grégoire de Tours, racontant un mariage célébré de son temps, fait allusion à la cérémonie de l'anneau ; « l'époux, dit-il, donna *l'anneau* et le baiser à son épouse ; il lui présenta les *souliers...* On célébra avec joie les épousailles : *denique dato sponsaliæ annulo, porrigit osculum, præbet* calceamentum, *celebrat sponsaliæ festum diem.* C'est ainsi, comme le remarque un savant auteur (Marolius) que l'époux prenait en quelque sorte possession de son épouse, en lui *liant* pour ainsi dire les *pieds et les mains* par la *chaussure et l'anneau.*

Mademoiselle, nous avons lu que, du temps de la reine Elisabeth, un Anglais envoyé en ambassade fut témoin de la manière dont se célébraient les mariages dans la Moscovie. Après que la femme avait assuré de l'*obéissance* qu'elle promettait à son mari, l'époux, pour marquer à son épouse qu'il serait son *protecteur et son mari fidèle,* la couvrait de

---

[1] M. de Bonald : *Législation primitive,* liv. II, chap. VI, § 5.

son manteau pendant la cérémonie. Vous n'aurez pas besoin, en recevant l'anneau, signe de votre obéissance, d'exiger de votre mari le témoignage établi autrefois par un usage russe. Et de votre côté, vous vous souviendrez, que dans le christianisme, obéir c'est aimer.

La bonne et pieuse mère de votre futur mari, qui est émue et heureuse à côté de son fils, peut vous raconter les longues preuves de cette solidité de nature, de cette constance de goûts, de ces qualités chevaleresques d'honneur et de loyauté qui distinguent celui auquel vous liez votre sort.

J'ai vu votre adolescence, j'ai vu l'éclosion chrétienne de votre âme ; je sais combien vous avez été exceptionnellement aimée d'un père, en qui l'on ne sait ce qu'il faut admirer le plus, ou de son intelligence si riche ou de son rare cœur, ou de cette laborieuse nature et de cette encyclopédie vivante, ou de cette bonté native. Notre grand Bossuet a dit, dans sa majestueuse et poétique langue, cette belle parole : « Quand Dieu créa le cœur de l'homme, il y mit premièrement la bonté. » Mademoiselle, quand on sort des mains d'un père tel que le vôtre, en qui se retrouve la double distinction d'un esprit pénétrant et orné, avec un cœur si tendre et une âme d'élite, un mari qui reçoit en dépôt le trésor de votre ingénuité et de votre candeur, n'a pas besoin de faire des serments ; on ne lui demande pas ces démonstrations extérieures du manteau dont le mari, dans les contrées septentrionales, couvrait sa fiancée. Il doit à la terre et au ciel de maintenir inviolée la perpétuité de sa foi, il vous doit de rendre, aussi charmante que possible, la transition du culte de la piété filiale à celui de la piété conjugale ; il vous doit d'égaler, avec l'aide de Dieu, l'éternité de sa constance, à ces dons précieux d'éducation, d'esprit, de jeunesse, d'enfantine inexpérience, d'ignorance du mal et des roueries de notre siècle raffiné, toutes qualités qui ornent, à votre insu, la simplicité de votre cœur ; il le doit à cette pureté d'imagination et de vie que vous lui apportez et dont je ne puis trop parler en votre présence.

Oui, Monsieur et Mademoiselle, vous allez vous donner avec confiance, cet anneau, emblême de la *réciprocité durable*. Que le mari fasse vivre son épouse de sa propre vie, de sa vie intellectuelle comme de sa vie intime. Qu'il n'y ait point cette *absence d'idées communes, de langage commun*, qui a été signalée comme la plaie de notre époque, entre les femmes et leurs maris; que l'époux consacre à son épouse son exubérance de sympathies, qu'il comprenne ce qu'il y a de grand dans une femme dévouée à ses devoirs, qui semble la plus petite entre les petits, mais qui faisant de chacune de ses heures une nouvelle immolation d'elle-même à son foyer, à tout ce qui est confié à sa garde par la Providence, à ses enfants, devient grande entre les grands, est autant comptée devant Dieu que n'importe quelle renommée, et mérite la prééminence sur l'homme, si elle a effectivement plus de sympathie que l'homme.

L'on donne l'anneau, parce que selon saint Chrysostôme, le mariage retrace l'alliance de Jésus-Christ avec son Église. Elle a peu compris cette sublimité du mariage chrétien, notre littérature contemporaine qui a tué l'homme dans le cœur de la femme par des peintures exagérées et menteuses; elle a tué aussi la femme dans le cœur de l'homme par des tableaux non moins chargés, et peu propres à encourager les jeunes hommes à consacrer leur avenir aux femmes. Je ne dis pas que les époux ne doivent appuyer, sur un principe de conscience, l'inviolabilité des promesses et des éternités du cœur, si courtes quelquefois chez quelques êtres exceptionnels; je ne nie pas que, sous un aspect, le mariage ne soit une chaîne qui assujettit les deux époux dans la dépendance; que la servitude pesant sur tous les deux, le poids le plus lourd ne soit cependant du côté de la femme. Je ne nie pas que se marier ce ne soit pas s'engager, comme dit Bourdaloue, à un autre qu'à soi et qui n'avait nul pouvoir sur vous, mais de qui vous dépendrez maintenant, et qu'ainsi l'on ne transfère le domaine qu'on avait sur soi à un étranger, qui acquiert un droit inaliénable sur votre personne.

Mais rassurez-vous, jeunes époux chrétiens. Se marier, ce n'est pas promettre à perpétuité une intensité d'amour et de sentiment toujours soutenue à un degré également sensible et vif. Ni la religion, ni la société ne demandent ce qui est impossible à la nature. Mais quel est l'homme, quelle est la femme qui, en acceptant l'anneau de l'hymen, ne puisse promettre de continuer toute sa vie une intensité de *dévoûment* toujours égal, toujours possible ? Le dévoûment est toujours praticable quand on est capable de sacrifice : et l'esprit de sacrifice peut survivre à la flamme de l'amour.

Le prêtre *fait le signe de la croix sur la main* de l'épouse, puis il donne la *bénédiction nuptiale* aux époux ; il dit : « Que le Dieu d'Abrabam, d'Isaac et de Jacob vous unisse et fasse descendre sur vous ses bénédictions ; et moi aussi, je vous joins ensemble du lien du mariage, au nom du Père et du Fils, et du Saint-Esprit. — *Deus Abraham..... vos conjungat.... et ego conjungo vos....* »

Je vous joins ensemble ; c'est-à-dire une famille nouvelle vient d'être constituée par les liens les plus doux et les plus sacrés. Ce sacrement est un point de départ qui réunit, selon l'ingénieuse fable du *Banquet de Platon*, deux moitiés d'un même tout, unies déjà dans un monde antérieur, ou rend à l'homme, selon la Genèse, cette partie de lui-même dont Dieu créa la femme.

Quand le ministre des choses religieuses, dit le fameux *conjungo vos ;* il ne dit pas : je vous unis pour le bonbeur suprême, pour la félicité complète ; il ne dit pas davantage : je vous joins uniquement pour le supplice ; il a d'autres prétentions. *Ego conjungo vos*, c'est-à-dire je vous unis pour des devoirs communs, pour des joies et des douleurs communes. Ici-bas, parents, enfants, nous ne faisons tous que nous passer de main en main le flambeau de la vie ; et quand les parents vieillissent, leurs fils grandis reconstituent par les alliances de nouveaux foyers de transmission divine et d'initiatrices influences.

Ainsi, il ne faut voir le mariage ni trop en beau ni trop

en laid, il faut le voir à la clarté du sanctuaire, tel que Dieu l'a fait. Il n'est réellement ni tout à fait un paradis ni davantage un enfer. Ce n'est point une fête perpétuelle du cœur, de l'esprit et des sens, où tout doive se passer en soupirs, en serments et en joies, mais ce n'est pas non plus une odieuse servitude, poussant à l'abrutissement l'âme et le corps, lorsqu'elle ne les pousse pas à la révolte. (De telles exagérations ne sont pas imaginaires, puisque les pièces de théâtre et les romans de nos jours ont souvent ainsi présenté la société de l'homme et de la femme.)

Vous vous préserverez de tels excès d'idées, Monsieur et Mademoiselle; vous saurez que le mariage est, aux yeux de l'expérience, tout compte fait, la condition la plus certaine du calme et du bonheur que comporte la nature humaine. Une observation fondamentale est à faire. Ce serait une grande faute, sans doute, de ne pas consulter les inclinations mutuelles dans le mariage; mais ce serait une grande erreur de penser *avoir paré à tout* en les consultant. Même après avoir épuisé ce que la prudence conseille, même avec les convenances de l'esprit, du cœur, de l'âge, de la condition et de la fortune, on l'a dit avec une grande raison et il faut bien se le répéter, même dans le mariage, on n'est qu'un homme et qu'une femme, c'est-à-dire deux êtres faibles et mobiles que le chagrin ou le malheur peut toujours surprendre par quelque côté [1].

Monsieur et Mademoiselle, en venant entendre prononcer sur vous la formule sacramentelle: *ego conjungo vos*, vous ne venez chercher tous deux que des choses raisonnables.

Vous, Mademoiselle, vous avez grandi dans la solitude, et en vous mariant, qu'avez-vous prétendu? avez-vous voulu réaliser ce que vous avez rêvé? vous avez du talent, vous avez peut-être ouvert votre âme à tous les vents de la poésie, vous avez entrevu l'infini; vous attendiez, un homme est venu; et

---

[1] M. Granier de Cassagnac exprimait ces sages maximes dans un *Recueil littéraire*.

parce que vous avez comparu toute enveloppée de blanc, d'abord à un premier endroit où M. le Maire vous a lu un article du Code, ensuite à ce second endroit où va vous être conférée la bénédiction nuptiale, est-ce que, pour cela, vous avez prétendu réaliser totalement tout ce que vous avez rêvé?... ce serait chimère de votre part? non, vous ne l'avez pas prétendu.

Ni vous, aussi, Monsieur, en vous mariant, vous ne vous êtes pas dissimulé ce que c'était que se marier ! Cela veut dire, ce fait très-simple, qu'un homme doit appartenir à une seule femme, et une seule femme à un seul homme ; qu'on embrasse la vie à deux sous le même toit avec une première heure de splendeur pour tous deux, avec une première heure d'indépendance pour la femme, mais pour resserrer bientôt davantage sa dépendance. Non, vous n'avez pu prétendre vous exempter du noble fardeau qui pèse sur le genre humain, celui des épreuves.

Vous ne vous tromperez donc ni l'un ni l'autre sur les effets de la bénédiction nuptiale ; il n'y a que les esprits fantasques qui s'exagèrent les joies ou les peines domestiques, et qui pourraient s'étonner, si nous prophétisons qu'ils retrouveront l'humanité dans les hommes, en quelque situation qu'ils soient placés. « Lorsque des héros de théâtre, des héroïnes de roman se plaignent de n'avoir pas trouvé dans le mariage ce qu'elles en avaient espéré, ce qu'il y a à leur dire, ajoute un docte écrivain, c'est que la faute en est au dérèglement de leurs espérances, et que le mariage contribue au bonheur des époux, mais sans les dispenser d'y contribuer eux-mêmes par leur conduite. Il n'y a pas de recettes infaillibles pour conserver *toujours* la santé ou la joie, et Dieu a sans doute sagement fait de ne pas vouloir qu'il y en eût, pour ne pas retirer aux hommes le mérite de la modération et de la sagesse [1]. »

Après que le prêtre a dit au nom des trois personnes de la

[1] M. de Cassagnac.

divine Trinité, la formule sainte : *ego conjungo vos* ; on dit la sainte messe, la messe nuptiale, et toute l'assemblée s'unit au prêtre dans un mouvement de piété fraternelle, pour implorer les faveurs du ciel sur les deux jeunes époux ; pourquoi viendrait-on au pied des autels entourer les nouveaux conjoints comme d'une ceinture vivante d'amitié et de sympathie empressée, si on ne venait prier avec eux, et pour eux, dans une heure si intéressante ?

Que, si vous regardez autour de vous, Monsieur et Mademoiselle, vous apercevrez une assistance qui vous entoure et vous presse d'un attendrissement pieux ; je distingue, dans ce cercle choisi, des hommes qui sont les soldats de l'idée et du travail, qui honorent l'esprit humain et leur pays par des écrits philosophiques et scientifiques dont nous savons le retentissement, des hommes chargés de la représentation d'une partie du territoire, les hauts représentants de la science, de l'industrie et de la finance ; il y a près de vous des dames, meilleures encore de cœur et de charité que de grâce extérieure et physique, plus brillantes encore par leur bonté native, par leurs instincts chrétiens et leur amour du bien que par leurs parures.

Je ne parle pas de ces parents et de ces proches, dont vos cœurs émus entendent les palpitations sympathiques ; les uns débutent à peine comme vous dans la carrière du mariage, les autres ont déjà fourni un long parcours. Tous parents, amis empressés, accourus à votre appel, ne font qu'une voix, un cœur, une prière, un accent, pour implorer les abondantes et efficaces bénédictions du ciel sur vos jeunes têtes, et faire se lever pour vous l'aurore d'un long bonheur.

On peut avoir, dans notre siècle de fermentation et de doute, des heures de matérialisme, de panthéisme et d'athéisme, de ces heures de trouble où les idées s'obscurcissent. Mais, quand on assiste à une cérémonie comme celle-ci, où s'agite plus que la vie d'un homme, son bonheur, quand on a devant soi l'expérience de la vie et qu'on voit deux jeunes êtres mariés d'un instant, s'embarquer pour cette délicate navigation de la vie en commun, de la vie à deux... Surtout, mais surtout, quand on est acteur soi-même dans ce drame intime et qu'on vient de recevoir la couronne d'époux et d'épouse..., oh alors! avec cette montagne d'idées et d'émotions qui oppressent, il est impossible de n'être pas attendri, envahi par un sentiment inconnu, par une impression incomparable. Tous les matérialismes tombent. On redevient spiritualiste et chrétien. On se met à prier de tout son cœur. Des larmes involontaires viennent à l'œil. Jusque-là on évitait la radieuse figure du Christ, maintenant on sent le besoin d'appuyer la faiblesse humaine contre un principe immortel et divin.

On n'est plus sûr du prétendu principe de l'*invariabilité* absolue et mathématique de la nature, par lequel on défendait au Dieu créateur d'intervenir dans ses œuvres et dans sa création pour y manifester sa suprématie.

On sourit du mot puérilement prétentieux et impertinent du célèbre Laplace disant à Bonaparte, qu'il pouvait se passer dans l'explication de l'univers, de l'hypothèse de Dieu : plaisant raisonneur qui commençait par prendre l'univers à *l'état d'équilibre*, avec un ensemble de mouvements et de forces, sans nous dire l'origine de ces mouvements, de ces forces et de cet équilibre! ce qui est toute la question!

Dans tous les cas, il s'accomplit sur le théâtre mystérieux de nos cœurs des phénomènes, des mouvements, qui s'élèvent en nous, sans nous, et pour l'explication desquels il nous serait impossible de nous passer de la plus belle, de la plus solide des hypothèses, celle de Dieu !

Ah ! Messieurs, c'est quand se posent ces grandes, intimes et individuelles questions du bonheur humain, comme dans une solennité de mariage, c'est alors qu'on sent que nous avons besoin sur terre non de la *statue de Dieu*, pour employer une expression célèbre [1], mais du *Dieu vivant et véritable*. Alors nous sentons qu'il ne servirait de rien de

[1] Mot de M. Guizot.

connaître le seuil de la demeure de Dieu, comme dans le déisme, si nous ne pouvions frapper à la porte de l'Hôte divin, si nous ne savions que, dans nos démarches importantes, Dieu s'intéresse à nous.

Je me persuade donc, que tous dans cette noble et sympathique assemblée, nous allons prier pendant la messe nuptiale ; nous allons demander pour les nouveaux époux la modération des désirs, l'esprit de conduite, la justesse du jugement qui est un des plus riches trésors pour la direction de la vie, des actes et des familles ; nous demanderons pour eux, une honnêteté infatigable, un christianisme sérieux, réel, sans jactance, sans puritanisme, mais aussi sans défaillance ; et, répétons-le, ce *jugement sain*, qui cherche la proportion entre les prétentions et les moyens réalisateurs dont on dispose, et ne tente rien au delà.

Quand la messe nuptiale est assez avancée, on interrompt le sacrifice, pour *étendre un voile* sur la tête des époux.

Ce voile signifie et rappelle la tente des patriarches antiques. « Que vos pavillons sont beaux, ô Jacob, s'écrient les livres saints ! que vos tentes sont belles, ô Israel ! *Quam pulchra tabernacula tua, Jacob ! quàm pulchra tentoria tua, o Israël !* » C'est ce que s'écriait Balaam, dans le désert, à l'aspect des tentes de Jacob, et des pavillons d'Israël.

Le voile qu'on étend sur les jeunes mariés, signifie donc la tente des patriarches, c'est-à-dire la *communauté* de toit qu'ils adoptent, la cohabitation permanente.

Dès les premiers âges de l'Église, on pratiqua cet usage [1] ; la femme étant à côté de son mari, on étendait sur eux un poêle, *pallium*, tenu aux quatre coins par quatre hommes. Pendant ce temps, avant que l'on dise *agnus Dei*, le prêtre récitait des oraisons très-dévotes.

Saint Ambroise qui appelle le voile *flammeum nuptiale*, sans doute parce qu'il était couleur de pourpre, indiquait

---

[1] On en voyait une attestation dans un ancien Missel de Rennes, conservé à Tours, et dans le Pontifical du monastère de Lire (XIIᵉ siècle).

le sens spirituel et moral de cette cérémonie ; elle rappelle selon lui que le mariage doit être honorable ; il apprend aux époux que la pudeur doit être la règle de leur conduite [1].

C'est que, si nous voyons quelquefois des mariages déchoir du haut rang dont ils n'auraient pas dû descendre, c'est que, dis-je, les époux n'ont pas compris l'honnêteté et la dignité domestique, ils n'avaient pas le sentiment net et droit de la famille.

Tout à l'heure, Monsieur et Mademoiselle, quand on étendra sur vos têtes ce voile symbolique, pénétrez-en bien la signification. Puisque vous allez former un groupe nouveau, représentez-vous bien la famille, telle qu'elle est, avec sa nature, son idéal et ses règles, avec ses lois, ses devoirs, ses traditions, ses sentiments, ses joies pures, ses rigueurs nécessaires.

Vous penserez, jeunes époux, quand vous serez sous le voile, que vous n'êtes pas seulement *deux* au coin de votre foyer ; un troisième hôte y est assis entre vous deux : c'est Dieu, ou la morale, ou la société. Vous penserez que la concorde et la sainteté de l'union domestique demandent des patiences, des sacrifices, des concessions mutuelles ; qu'il y faut de la vertu et du courage ; que le mariage a ses moments douloureux et difficiles, comme tout ce qui est grand et glorieux ; qu'il n'y a d'aisé que la vulgarité et le vice. Mais vous n'oublierez pas qu'on est deux pour porter le précieux fardeau des charges et de la dignité domestique.

Vous le dirai-je, le voile qu'on étend sur les deux mariés a une autre signification ; c'est un appel à *la vigilance* des deux jeunes époux, pour leur commune et réciproque protection.

Il y a une règle d'hygiène dans l'ordre du sentiment et de la moralité, comme il y en a pour la santé corporelle.

Quant à la vie physique, on connaît l'importance d'entretenir l'air qu'on respire dans les habitations, aussi pur qu'est l'air extérieur ; il faut renouveler sans cesse le bon air qui est l'aliment de la vie, *pabulum vitæ* [2].

[1] *L. de Virgin.*, chap. XV, ép. 19.

[2] Je n'ai pas besoin de rappeler la quantité notable d'oxygène ou d'air vital, comme on disait autrefois, que chaque inspiration du poumon

Savez-vous les conditions d'une bonne hygiène dans l'ordre des affections saintes ; c'est *la vigilance* sur soi, la revue de soi-même à la clarté du flambeau religieux ; c'est, dans l'homme et dans la femme, le don de *la résistance* aux sollicitations du dehors. Malheur, quand le mari tourbillonne comme une feuille aux vents du monde ! Malheur, quand la femme ne sait pas résister à tant d'entraînements du dehors, à certaines tendances de son temps, qui conspirent pour la coquetterie, les goûts du luxe et les mondanités excentriques ! malheur quand on ne s'attache pas à maintenir en soi les bases de la liberté morale !... Ah ! quand l'homme et la femme ne prennent pas, pour leur idéal, le type de la femme chrétienne et de la femme prudente, sensée, pudique et amie de son intérieur [1], le type de l'époux honnête dans le sens strict du mot, sage et réglé dans ses mœurs, oh ! c'est alors qu'on manque, dans la société domestique, d'air pur ; c'est alors qu'on tombe dans l'asphyxie morale par la disparition du gaz qui entretient la vie, et par l'accumulation de celui qui porte la mort aux extrémités de l'organisme. Oh ! alors le mariage pourrait arriver à n'être qu'une fiction et une hypocrisie, le cœur saignerait sous de trompeuses parures ; on paraîtrait encore s'adorer en public pendant qu'il n'en serait rien dans la solitude.

enlève à l'air, et, au contraire, la quantité non moins considérable d'acide carbonique, gaz essentiellement impropre à la vie, que chaque expiration verse dans l'atmosphère ambiante. Ces volumes, les quantités et les changements chimiques, qui s'opèrent dans l'air pendant la respiration, sont calculés par la science et intéressent au plus haut point l'hygiène. Étant connues les quantités que la respiration expire et absorbe dans un temps donné, il est facile de prévoir que, si on ne renouvelait l'air, bientôt la disparition de l'oxygène et la prépondérance de l'acide carbonique, constituerait un grave danger pour la santé humaine. De là les précautions indiquées par l'instinct et par la science pour arriver à aérer les habitations et prévenir les viciations de l'air, par quelque cause qu'elles se produisent (présence d'animaux, éclairage, chauffage, plantes et fleurs).

[1] *Pars bona, mulier bona*, dit la sainte Écriture (*Ecclesiastic.*, c. 26).

Voilà les pensées sévères mais salutaires qui doivent venir, quand la religion étend sur les mariés *un voile*, et qu'on récite des prières où sont rappelés les noms antiques et purs des Jacob, des Rachel, des Lia, des Tobie et des Sara.

Enfin on termine la cérémonie par la *signature de l'acte de mariage*. Il eut été périlleux de remettre la vérification d'un contrat de si grande importance au seul témoignage oral, à la mémoire fugitive et incertaine de quelques témoins. C'est pourquoi le concile de Trente ordonna dans la session 24 (chapitre premier de la Réformation du mariage) que les curés auraient un registre sur lequel ils mettraient les actes de célébration des mariages : *habeat parochus librum in quo conjugum et testium nomina, diemque et locum contracti matrimonii describet, quem diligenter apud se custodiat.* Conformément à cet article du concile, il était dit dans l'article 40 de l'ordonnance de Blois que « pour témoigner de la forme qui aura été observée ès-mariages, y assisteront quatre personnes dignes de foi, pour le moins, dont sera fait registre, le tout sur les peines portées par les conciles. »

Deux noms, une date mémorable, sont inscrites dans les archives religieuses. L'assistance vient signer aussi, parce qu'elle a fait attention aux paroles prononcées par les parties contractantes, elle a vu les signes qui ont accompagné la cérémonie ; tous les témoins viennent déposer que la bénédiction nuptiale a été donnée aux deux jeunes époux.

L'acte dit, qu'à tel jour, en telle année, deux individus chrétiens se sont promis leur cœur et leur foi, se sont donnés réciproquement l'un à l'autre.

C'est comme la signature d'un traité de paix, mais d'une paix que n'a précédé aucune guerre. — C'est une haute, aimable et irrévocable transaction du cœur, qui est inscrite dans les protocoles de la diplomatie éternelle, comme le déclare Tertullien. Ce docteur signale l'inscription céleste des mariages terrestres, que « l'Église approuve, dit-il, que l'oblation du sacrifice confirme, auquel la bénédiction met le sceau, que les anges proclament au ciel, et que le Père éternel ratifie. » (*Lib. ad uxorem*, chap. 9.)

A quelque temps de là, à dix, vingt, cinquante ans de distance, si quelqu'un vient fouiller dans ces registres, dans ces mémoires des grands actes publics de la vie privée, il retrouvera ces signatures émues, ce témoignage du bonheur d'autrefois, ces signatures des témoins, ce rapport, ce compte rendu d'une scène, dont les impressions sont ineffaçables comme l'infini, ce point de départ d'un drame, commencé au pied des autels et qui se dénoue dans l'éternité.

Cet acte testimonial, ce certificat de deux âmes et de deux volontés qui se sont données mutuellement et sans retour, seraient plus tard un reproche accusateur, si jamais les serments subissaient la plus légère altération et si on préconisait la passion au détriment du devoir : ces papiers crieraient énergiquement.

Mais écartons ces pensées : de telles images ne peuvent planer sur une union qui s'annonce sous d'aussi favorables auspices.

Telle est donc, Monsieur et Mademoiselle, la raison naturelle comme la raison théologique des cérémonies de la célébration du mariage [1].

Encore quelques mots, et nous ne retarderons plus le dernier accomplissement des volontés ardentes des futurs époux ; nous ne refroidirons plus le plus émouvant, le plus pathétique épisode de leur poëme, du poëme de leur vie.

Il nous fut donné, il y a douze ans, de bénir, dans ce même sanctuaire [2], sous ces voûtes sacrées, une autre union. Et nous n'avons pas à nous repentir d'avoir mis une main dans

---

[1] On ne s'étonnera pas que notre illustre ami et adversaire d'idées, **M. Jules Simon, ait dit** : « Je déclare qu'à mes yeux un des plus beaux dogmes du christianisme, des plus touchants, des plus moraux, des plus spiritualistes, est celui qui fait du mariage un sacrement. » *La Liberté*, t. I, p. 265.

[2] Le mariage de M. Ern. Ch....., ingénieur civil, avec mademoiselle Ang. R.

une autre main ; ces deux mains furent loyalement et chrétiennement données ; le rayon et le sourire sont restés dans ce mariage honnête et charmant. — Nous sommes vraiment heureux et fier d'avoir béni le réseau délicat de cette forte fidélité conjugale.

Qni nous eût dit alors que les héros de cette union sainte et honorable seraient les anges de l'union que nous célébrons aujourd'hui [1]?

Autrefois, vous le savez, Monsieur, dans l'antiquité hébraïque, ce fut l'ange Raphaël qui trouva et donna une épouse à Tobie. Nouveau Tobie, vous avez eu votre ange, votre Raphaël dans ces deux époux, honneur de la vie conjugale, doués des avantages de l'esprit et du cœur, et si appréciés de ceux qui les approchent ; ils vous ont amené celle que vous aimerez plus que vous-même, comme une autre Sara ; il vous arrive ce qui leur est arrivé. Quand Dieu bénit un jeune homme et sa famille, les femmes vertueuses s'y rendent comme les affluents dans un fleuve régulier [2].

Et maintenant, Mademoiselle, que vous dirai-je, comme vieil ami de vos premiers foyers? vous allez quitter votre père pour obéir à la dispensation de Dieu, ainsi formulée dans les saints livres : « L'homme quittera son père et sa mère pour s'attacher à sa femme, et de deux qu'ils étaient, ils deviendront une même chair ; *relinquet homo patrem et matrem suam, et adhærebit uxori suæ, et erunt duo in carne una* (S. Paul, ép., aux Éphes., chap. 5). »

Vous laissez bien vide votre place dans le cœur si excessivement bon, si dévoué de votre père, dans ce cœur si faible de cette forte faiblesse, qui est à la fois la passion et la gloire d'un père.

---

[1] Dieu se sert du ministère des hommes pour donner l'idée de combinaisons qui finissent par aboutir.

[2] *M. Blanc Saint-Bonnet*, penseur profond, a su formuler les lois mystérieuses, en vertu desquelles la société qu'on voit sort d'un ordre de fondations invisibles, et tout ce qui se montre à la surface croît du sol ignoré du mérite.

Soyez, par votre bonheur, la récompense du dévoûment tendre qu'il vous a prodigué, pendant vos premières années; vous n'oublirez pas ces conversations du premier foyer, cette douce et naturelle éloquence, qui vous allait de l'oreille au cœur, qui créait peu à peu votre jeune âme, lui ouvrait l'infini, et déposait en vous, avec la science des principaux devoirs de la vie, les germes divins de la philosophie chrétienne et de la théologie éternelle.

C'est qu'en vous initiant aux vertus de la femme et de la chrétienne, en vous inculquant les goûts simples, la sobriété, la règle, la modestie, l'amour du travail, le respect et l'amour des choses religieuses, en travaillant à vous créer un avenir, en rêvant pour vous une alliance, votre père comprenait la paternité comme une magistrature.

Noble esprit à côté duquel vous pouviez puiser d'intarissables lumières.

Esprit synthétique, esprit généralisateur, en même temps qu'il est spécial, c'est auprès de lui que les conceptions généreuses trouvent le plus facile accueil. Et certes, je devine que plus d'une fois il a rencontré sur le chemin de sa pensée le côté théologique de l'avénement des chemins de fer, dans l'économie de la civilisation morale de notre temps.

Quel est le point de vue théologique des chemins de fer? le voici. C'est que l'ingénieur moderne est l'auxiliaire du théologien. On avait cru d'abord que l'industrie nouvelle serait une explosion de matérialisme; au contraire, quand on y réfléchit, on doit conclure que les nouvelles voies ferrées favorisent le développement du sentiment religieux le plus élevé et le plus pur.

L'ingénieur n'est pas seulement le *spectateur de Dieu* ici-bas, il doit y être aussi, à sa manière, le *continuateur de l'œuvre de Dieu*; il arrive seulement que, sous l'empire de circonstances personnelles variables, tantôt l'ingénieur agit avec la conscience de continuer l'œuvre de Dieu, en développant les forces latentes de la nature; tantôt il continue cette œuvre, sans s'en douter, sans le savoir, comme ces ouvriers des Gobelins, qui pendant leurs beaux ouvrages, ne voient pas ce qu'ils font.

Mais voici le côté vraiment religieux des chemins de fer.

Au moyen âge, on n'avait pas l'idée de la forme ronde de la terre. Il y a trois siècles à peine, une moitié de la création était entièrement ignorée de l'autre moitié, les séparations étaient immenses, infranchissables.

Sont venues les découvertes modernes; on a pénétré dans l'Amérique et les Indes; les terres polaires sont explorées et entrent en communication avec la grande civilisation européenne. — Par la vapeur, par la navigation, par la télégraphie électrique, les distances sont supprimées.

Or, quel a été le résultat final? si la science complète est, d'après Bacon, l'escalier qui monte à Dieu, si, comme l'a dit ce grand esprit, un peu de science éloigne de la religion et si beaucoup y ramène, le chemin de fer est une nouvelle éminence d'où l'on découvre ou qui revèle de nouveau l'infini et l'immortalité. Et cela est simple; si l'industrie moderne, vue par quelque côté, semble incliner au matérialisme, vus d'ensemble et dans les résultats généraux, les chemins de fer mènent à des conclusions de moralité et de spiritualisme.

Plus vous augmentez la vitesse et la facilité des communications, plus aussi vous nous mettez à même de parcourir et d'épuiser vite ce globe, et par conséquent de sentir expérimentalement sa petitesse relative, sa disproportion avec les tendances illimitées que notre nature d'homme tient en réserve. L'homme allant de Paris à Pékin avec une promptitude qui supprime l'espace, retire de cette promptitude même une leçon religieuse et morale; l'esprit humain mesure le globe terrestre, il le parcourt, l'épuise, et touchant au terme, il s'écrie : « Ce n'est que cela! [1] » C'est ainsi que

[1] Regret d'Alexandre le Grand. — Un homme, doué de la faculté du somnambulisme, disait naguère : « J'ai fait le tour du globe; ça été le temps d'une pensée; j'ai vu la terre dans toute sa circonférence; passons à autre chose. »

notre planète humiliée devenant un globe relativement petit, un membre subordonné dans la famille des planètes, fait ressortir par le contraste l'aspiration infinie qui est dans notre âme immortelle. J'embrasse par ma pensée des mondes plus grands [1], ce qui est visible ne me suffit pas; donc, il me faut un autre monde. Le monde matériel n'est pas un terme de circonscription.

Il a été de mode de reprocher aux chrétiens l'usage d'une expression; on trouvait mauvais qu'ils appelassent cette terre et cette vie présente une vallée de *passage*, une *vallée de larmes*, un *séjour étroit et éphémère*. Les chemins de fer ont donné gain de cause à la langue chrétienne. L'accéléra-

[1] Pour cette conclusion de vie future pour l'homme, nous avions montré dans un ouvrage (*Destinée humaine*), en 1854, comment elle jaillissait de l'étude de l'intelligence et de la liberté humaine, mise en regard des mondes astronomiques. A son tour, M. Jules Simon a démontré que, philosophiquement, l'immortalité de l'homme est une conséquence de son intelligence et de sa liberté : « L'homme, dans cet ensemble de l'univers, a la première place, il est le spectateur de ces merveilles, l'hôte de ces palais. Pourquoi la forme, s'il n'y avait pas de soleil, et pourquoi les splendeurs de la création, s'il n'y avait pas l'intelligence humaine? Il fallait que la beauté fut admirée et que l'intelligible fut compris, afin que l'essence de la beauté et celle de l'intelligible fussent parfaites. Il semble que cette nécessité d'un témoin soit une preuve entre mille, de l'immortalité de nos âmes : car ce témoin doit embrasser la suite du progrès ; il ne doit pas périr avec les phénomènes auxquels il s'est mêlé pour un temps. Capable d'étendre à l'infini les résultats de l'expérience, l'esprit de l'homme doit vivre comme les lois qu'il découvre, semblable à un acteur qui assiste au reste de la comédie quand il est descendu du théâtre. Enfin, cet hôte du monde, appelé à survivre au monde, est traité comme le fils aîné dans la maison du père de famille. Les lois fatales, pour le reste des êtres créés, ne sont pour lui qu'obligatoires. Dieu, en lui donnant un avenir immortel, voulut le séparer, comme par un sceau, du reste des créatures; c'est pourquoi il le fit libre, capable de déchoir et de mériter.

Voilà ce que l'homme a de commun avec toute la création, c'est d'être une partie harmonieuse de l'ensemble; d'avoir sa loi analogue à toutes les lois.— Et voilà ce qui distingue l'homme du reste de la nature ; c'est d'être intelligent, libre et immortel. (Jules Simon. *Liberté*, t. I, p. 24.)

tion de la marche de l'homme, est une conclusion de petitesse reconnue de ce globe, dont une hirondelle ferait le tour en quelques journées. C'est une conclusion de spiritualisme et d'immortalité humaines, à l'aide de ce terme de comparaison, offert par les nouvelles voies ferrées, entre les limites bornées de cette terre et l'étendue infinie de l'esprit humain. Voilà comment le chemin de fer vient ajouter sa voix et son argument aux affirmations du dogme, aux données de l'astronomie et aux pressentiments de notre cœur, pour attester la vaste carrière de l'âme humaine. La religion s'est empressée de bénir ces premiers départs de chaudières errantes qui emportent des populations entières, elle a voulu prier aux inaugurations de ces voies nouvelles de communication, parce qu'elle y a vu autre chose que des intérêts industriels; elle y a vu de la théologie. Espérons-le donc : non, ce n'est pas le matérialisme qui se lève sur les générations à venir, elles ressentiront le souffle vivifiant du spiritualisme chrétien.

Exprimons, en terminant, de quel côté nous tirons nos espérances pour ces deux futurs époux, et pourquoi de solides assurances bercent notre cœur à l'endroit de leur avenir terrestre.

Monsieur et Mademoiselle, je dois vous le dire, aujourd'hui que la tête humaine et le cœur humain sont « deux ateliers en activité, » et en formation plus grande qu'ils ne l'ont été peut-être à aucune autre époque de l'humanité, vous inaugurez votre vie commune sous les auspices d'un homme qui est le véritable élu de la civilisation française, d'un homme qui a composé sa vie de ce qui fait la dignité de notre espèce, je veux dire du travail et de la science [1], d'un homme qui a eu la *force de servir* son temps, parce qu'il a

[1] M. E. F... n'a pas eu le temps d'éprouver le chagrin d'un personnage du XVIIe siècle, du maréchal de Villeroy. Ce maréchal disait dans ses vieux jours que le *chagrin de ne se mêler de rien*, le faisait périr (*Correspond. du* comte de Caylus). L'activité de M. E. F... l'a mêlé à immensément de travaux et de choses, en France, en Angleterre, en Espagne et en Russie.

commencé par aimer ce temps, d'un homme enfin dont vous recueillerez avec avidité cet héritage invisible, l'amour des nobles choses, bien plus précieux que tous les autres. Vous marcherez l'un et l'autre, en présence de la vie de votre père et beau-père, comme devant un spectacle pieux et salutaire, vous rappelant que dans notre siècle d'utilitarisme, il a placé au-dessus de tout le reste, comme d'inaliénables et consolantes richesses, les jouissances de la pensée, la satisfaction de la conscience, la modestie dans le talent, et cette délicate probité de la confraternité, qui sait rendre hommage aux talents et aux idées des autres.

L'histoire le récompensera-t-il? Certes, pour ne point parler des rémunérations délicates qui nous attendent tous dans l'ordre des intérêts religieux, quand on écrira l'histoire du corps des ingénieurs français du XIXᵉ siècle, comme on a écrit celle des ingénieurs du XVIIᵉ et du XVIIIᵉ siècle [1], quand on retracera le tableau du grand mouvement industriel de notre époque, il nous semble difficile que le nom de votre père, Monsieur et Mademoiselle, n'y occupe pas une place éminente et méritée; sa modestie suffit pour qu'on lui pardonne aujourd'hui sa supériorité, mais elle ne suffit pas pour faire oublier son initiative féconde, ses entreprises utiles, les progrès qu'il a fait faire à l'art de l'ingénieur, ses créations hardies que continuent ses successeurs, ses publications nombreuses et remarquables portant l'empreinte d'un esprit compétent et investigateur, ses vastes études techniques, et cette intelligence qui associe les hardiesses de la conception à une grande aptitude pour les détails [2].

---

[1] M. Vignon, ingénieur en chef des ponts et chaussées, publiait dernièrement une histoire des voies de communication sous l'ancienne monarchie, de l'administration de la voirie et du corps des ingénieurs, en trois volumes in-8, sous le titre de : *Études historiques sur l'administration des voies publiques en France au XVIIᵉ et au XVIIIᵉ siècle;* cet ouvrage est curieux, nouveau à plus d'un titre; il intéresse les hommes spéciaux, et renferme des documents attachants.

[2] M. E. F... a fait marcher d'un pas égal les écrits et la pratique,

Mais il faut qu'il soit récompensé de son vivant, dans ses fils, comme il l'est déjà, dans l'estime de ses collaborateurs, dans les suffrages du public (voir le *Dictionnaire des Contemporains*, par M. Vapereau ; *Les chemins de fer aujourd'hui et dans cent ans*, par M. Audiganne), et dans la gratitude des populations, dont il a conservé et consolidé les vieux monuments gothiques croulant, en se chargeant « d'un travail déclaré d'ailleurs presque impossible par des hommes spéciaux, d'une réputation bien méritée [1]. »

Ce n'est pas assez qu'au dehors un public sympathique et éclairé dise en le voyant passer : « Voilà un homme qui dignifie les théories et les affaires ; il a eu foi dans le triomphe, dans la mission de la vapeur, des nouvelles voies ; il a

parce qu'il est venu à l'époque de la création des chemins de fer ; il a fallu fonder la profession et appliquer son esprit à toutes les branches.

On trouve traitées, dans ses œuvres, avec savoir et compétence, depuis les *questions financières* et les *tarifs différentiels* jusqu'à des projets théoriques et des études techniques, pour des constructions de chemins de fer nouveaux, tels que la *traversée des Alpes*, le *chemin de fer du Midi* ; depuis les *traités* méthodiques pour *guider les constructeurs de locomotives*, jusqu'à différents rapports sur plusieurs *établissements* commerciaux (les Docks de Londres) et des enquêtes concernant les pays étrangers, ainsi que des *mémoires* sur différents *canaux* de l'empire (ceux du Rhône, du Berry). — Il a établi plusieurs conférences d'ingénieurs, ou il a fréquemment été réélu Président ; il a écrit avec de savants collaborateurs des traités estimés, tels que le *Traité de la fabrication du fer et de la fonte.* — La ville de Bayeux lui doit la conservation de la *tour centrale* de sa belle cathédrale ; on pouvait craindre la chute de l'édifice. M. E. F... a su consolider le monument sans le détruire. Mais c'est surtout dans la technologie des voies ferrées que sa trace est fortement empreinte, et son nom très-connu.

Nous avons trouvé, dans son étude sur la *Traversée des Alpes par un chemin de fer*, des pages de philosophie politique, vibrantes d'un noble et chaleureux libéralisme.

[1] Ainsi s'exprimaient ceux qui ont rédigé le Rapport de la *reprise en sous-œuvre de la tour centrale de la cathédrale de Bayeux.*

Nous avons lu, il y a quelques années dans les journaux de Paris, un mandement de l'évêque de Bayeux ; il exprimait ses remercîments à M. E. F..., au nom du diocèse et de la ville de Bayeux.

tourné les forces de la nature à l'assujettissement de la nature. Comme jadis le citoyen d'une grande nation s'écriait sur la croix : *je suis citoyen romain*, il a la consolation de pouvoir se dire : je suis dans ma mesure l'*ouvrier de Dieu*, le serviteur de la logique providentielle de mon temps, qui veut de nouvelles migrations de peuples, de continent à continent; j'ai préparé ces grands départs de caravanes humaines qui vont aux plus lointaines rives échanger leurs produits ou dédommager les absents des rigueurs de la séparation. »

Ce n'est pas assez. Aussi, nous savons que dans cette adoption d'aujourd'hui, votre beau-père, Monsieur, acquiert un digne émule. On a dit *au dehors*, que « plusieurs fois dans sa carrière, celui qui devient votre père avait rendu déjà des services éminents à l'art de l'ingénieur [1]. » Nous savons, Monsieur, que ceux *du dedans* vont s'efforcer de suivre d'aussi glorieuses traces.

Vous n'oublierez pas, qu'à la place où la Providence nous a mis chacun, bien que le sentiment de l'intérêt doive être tenu en compte, cependant nous ne sommes pas seulement dans le monde pour nos intérêts personnels; nous nous devons tous dans notre sphère, à la *moralisation générale.*

Que de moyens d'action et quelle carrière de salutaires et bonnes influences s'ouvrent dans la profession de l'ingénieur!

Tout ce qui se rattache aux nouveaux moyens de locomotion semble faire entrer l'homme en collaboration avec Dieu, et montre l'étonnante puissance de l'intelligence humaine. Ces chaudières hardies, superbes, irrésistibles, qui entraînent des populations entières par leur colossale traction, obéissent cependant à l'homme. Quel beau signe de la souveraineté de l'homme sur le monde matériel! quelle révélation du caractère sacré écrit sur notre front par le doigt de Dieu !

Pourquoi donc les ingénieurs modernes ne seraient-ils pas les anges du spiritualisme, les missionnaires civils du

---

[1] Exposé des travaux, pour la *Reprise en sous-œuvre de la tour centrale de la cathédrale de Bayeux,* p. 5.

dogme de l'immortalité de l'âme et des rapports nécessaires de l'homme avec l'infini? Pourquoi ne travailleraient-ils pas à montrer que les conquêtes de l'industrie moderne peuvent et doivent contribuer à rendre les hommes *meilleurs et plus heureux?*

Le XVIIᵉ siècle vit se lever une nuée de philosophes et de savants dont les noms dominent encore les régions de la métaphysique et de la science, et qui donnèrent chacun à leur point de vue une apologie du christianisme. Newton reconnaissait la divinité de Jésus-Christ, après avoir porté dans l'examen de la question religieuse cette force d'intelligence qui lui fit découvrir le système du monde, la loi de la gravitation; nous voyons que Descartes qui a appliqué l'algèbre à la géométrie, Pascal qui a découvert la pesanteur de l'air, Leibnitz qui a trouvé le calcul différentiel, le calcul des infiniments petits, Bacon qui a classé toutes les connaissances humaines et tracé des méthodes pour chaque science, Euler qui créa le calcul algébrique des fonctions circulaires, nous voyons que ces esprits si vastes et si positifs, ont examiné sous le point de vue historique, philosophique, et scientifique tous les faits divins du christianisme; ils ont conclu à la preuve démontrée de l'inspiration divine des saintes Ecritures, de la divinité de Jésus-Christ et de l'établissement miraculeux du christianisme.

Bien que les penseurs et les savants du XVIIᵉ siècle aient imprimé à l'opinion publique une direction puissante, ne reste-t-il rien à faire de nos jours, à quiconque se trouve appelé à agiter les problèmes de la science et de l'industrie?

L'ingénieur doit avoir et proclamer son Christ. Qu'il annonce que l'exploitation de l'homme par l'homme est finie, et qu'il n'y aura plus que l'exploitation de la nature par l'homme.

Il est une vérité que les chemins de fer mettent en lumière, c'est que l'homme est prodigieusement industrieux et grand; il l'est jusqu'au *divin.* Eh bien, dites cela; dites qu'il y a dans l'homme « du Dieu tombé qui se souvient du ciel » mais dites en même temps qu'en faisant l'homme libre,

Dieu ne l'a pas fait *indépendant* et que la *dépendance* de l'homme est tout le nœud de la foi religieuse. Reconnaissez-vous l'homme dépendant ici-bas, vous allez droit à la foi chrétienne : proclamez-vous la souveraineté absolue, indépendante du moi humain, vous tournez le dos à l'idée religieuse positive.

Nul n'est indépendant, excepté Dieu. Et plus l'homme avance en âge, plus il voit grossir la quantité de ses dépendances dans l'ordre physique et dans l'ordre moral, dans l'ordre de l'idée et dans l'ordre de la vie réelle. Pour nous borner à un seul point, l'homme dépend d'un mince fil, du fil de la vie, et le chemin de fer fait sentir incessamment, par ses périls grandioses, combien est ténue le fil d'une pauvre individualité humaine.

Monsieur, je ne sais qui, M. Michel Chevalier, peut-être [1], a dit qu'en droit, il y avait du soldat, du prêtre, du missionnaire dans l'ingénieur des chemins de fer. En effet, bien des affluents, comme bien des conséquences des chemins de fer, amènent la pensée et la perspective à un horizon religieux et moralisateur ; et l'ingénieur resterait au-dessous de sa tâche, s'il autorisait, par ses préoccupations matérialistes, la tendance à croire que nous ne sommes dans ce monde que pour y pétrir de la boue, de la matière, en attendant que nous engraissions la terre de nos ossements blanchis [2].

Mais soyons justes envers les chemins de fer. Le chemin

---

[1] *Cours du Collége de France* : Lettres sur l'*Organisation du travail.*

[2] Nous serions attristé, comme M. Cuvillier-Fleury, si les gens ne croyaient qu'a la grandeur morale des machines et si les besoins du progrès matériel étaient incompatibles avec les exigences sacrées de la civilisation libérale. Mais les grands instincts du cœur humain, ses aspirations à tout ce qui est beau, désintéressé, divin, iront-ils *se noyer* dans *le torrent des améliorations matérielles*, selon un mot de M. Philarète Chasles ? L'affirmer, serait oublier que nous ne sommes qu'au début de la civilisation nouvelle, et, qu'au sein des mouvements qui nous emportent, la société n'a pas encore eu le temps de s'étudier, de se connaître, et d'accommoder ses divers ressorts aux exigences nouvelles. La civilisation née de l'essor de l'industrie n'a

de fer fait *penser*. Au sein de notre civilisation, de nos habitudes d'activité absorbante, nous n'avons plus même le
temps de penser, de réfléchir un peu sur les grands problèmes et sur l'emploi de notre vie.

Mais du moins, soit pour aller aux affaires, soit pour rega-
gner son logis, l'homme prend souvent le chemin de fer. Ces
conditions nouvelles de locomotion, provoquent et facilitent
la méditation, les monologues. Elles donnent, une, deux,
trois heures de réflexion obligées, pendant lesquelles les
bonnes intentions sont possibles. Le corps n'étant pas
ballotté et fatigué ne pèse pas sur l'âme ; il y a ce silence
et cet isolement momentané, qui permet à l'esprit d'être
en éveil, de s'écouter et de s'entendre. Voilà un des actes
moralisateurs du chemin de fer.

Il restitue à l'homme moderne la possibilité d'appliquer
une faculté de son être, que les soins multiplié des affaires
courantes, retiennent captive et inutile ; il lui rend la faculté de
penser et de réfléchir, à tout ce qui est le domaine de
l'esprit, de l'âme, de la vertu, des sentiments et des croyances
moralisantes, des espérances divines, des certitudes surna-
turelles révélées ou raisonnées, des destinées immortelles
de l'homme.

pas encore pu formuler ses lois. M. Saint-Marc Girardin demande que
la civilisation civile et politique, n'aille pas s'abâtardir devant la civilisation militaire et industrielle (cours à la Sorbonne). M. Eugène
Pelletan lui réplique : « Toutes les fois que nous entendons la ma-
chine à vapeur battre l'air de son rythme éperdu, nous la bénissons
du fond du cœur, dans un religieux respect, car elle propage la cause
de la liberté, le chemin de fer est mieux qu'un moyen de transport,
il est un destin. » — Entendez aussi les évêques : L'évêque de Vannes,
disait naguère, à Lorient : « La religion ne craint pas la science et le
progrès ; elle bénira ces locomotives, qui elles aussi peuvent la
servir » — et l'évêque d'Orléans, Mgr Dupanloup, d'ajouter : « Encou-
rageons ce bel accord de l'économie politique et de la religion qui est
en progrès. Cherchons ensemble passionnément les moyens d'éviter la
misère. » — Rappelons enfin les grandes idées exprimées, par le car-
dinal Giraud, à l'inauguration du chemin du Nord.

C'est immense, d'obtenir de l'homme, de penser; car les saints livres ne donnent d'autre explication du matérialisme et de l'athéisme des sociétés, que ce seul fait; *nullus qui recogitet corde;* personne ne pense dans son cœur.

C'est dans ce sens, que l'un de nos évêques, venu pour la bénédiction de la gare de Niort, recommandait les heures solitaires du voyage. Ces trajets rapides sur les voies nouvelles sont les seuls loisirs qu'on ait dans le tourbillon des affaires, les seuls moments de lecture sérieuse, de salutaire retour sur soi. C'est peut-être dans une de ces courses que Dieu peut nous envoyer un de ces éclairs ardents et lumineux qui réveillent la foi ; il peut nous traiter comme il traita ce puissant financier d'Ethiopie, dont parlent les saintes Ecritures, qui s'en retournait chez lui, *assis* et *lisant sur son char.* Il lisait le prophète Isaïe, et ce fut pour lui l'occasion de recevoir le don de la foi et le baptême par les mains de Philippe. (Actes des Apotres VIII, 27.)

Un peuple qui oublie Dieu s'oublie lui-même : voilà une vérité qui regarde la collection sociale. Un individu qui ne pense pas à Dieu, qui supprime systématiquement ou par le fait son rapport avec Dieu, n'est plus un homme, mais une fraction d'homme ; il a détruit en lui le sens suprême, le sens supérieur à tous les sens, le sens impondérable, le sens impalpable, le sens invisible et qui voit tout, celui qui fait conclure, obéir, admirer, adorer Dieu. Voyez donc : on retranche de son être, parmi tous les sens que le créateur a donné à l'homme, le grand sens qui rassemble et contient tous les autres, le *sens de l'infini, de l'invisible et du divin* [1]. Voilà une autre vérité. Et comme on ne peut pas être dans un état de perpétuelle démence, qui sait si les heures solitaires des chemins de fer ne feront pas briller ces vérités devant l'esprit, avec un éclat nouveau et une lumière qui sera enfin aperçue?

---

[1] Voyez de judicieuses observations de M. de Lamartine, dans son article : *L'athéisme dans le peuple.*

On pourrait trouver d'autres côtés moralisateurs au chemin de fer, ne serait-ce qu'au point de vue des campagnes, où il porte de rudes coups au *cabaret*, cet adversaire-né du travail, de l'économie et de la régularité dans la vie de famille. Ne sait-on pas quel guet-à-pens le cabaret de village constitue pour le valet de ferme, pour l'ouvrier compagnon, pour toute la jeunesse rurale? On y joue l'argent qu'on a, ensuite celui qu'on n'a pas; et souvent les conséquences des liaisons de cabaret se dénouent au tribunal ou en cour d'assises.

Un homme politique, d'un esprit lucide, ferme et rempli de verve, signalait naguère, d'une manière ingénieuse, les habitudes sobres et préservatrices que le chemin de fer tend à introduire dans les campagnes; nous ne résisterons pas au plaisir de le citer :

« Uniquement envisagé au point de vue de son existence à la campagne et du sillon qu'il trace à travers champs, le rail est infiniment plus moralisateur que les anciennes routes. Le grand chemin d'autrefois était bordé, à courte distance, d'une double haie de chaumières qui n'avaient d'autre mission que d'héberger le roulier, d'éteindre sa soif, de présenter au conducteur de diligence et au postillon un verre de vin toujours indispensable, en hiver pour se réchauffer, en été pour se rafraîchir. Le colporteur, le vagabond se mettaient de la partie, et quand la contrée était avenante, ils devenaient des visiteurs familiers. Le chemin de fer est doué d'un tempéramment absolument opposé, il ne souffre jamais dans le boire ni dans le manger l'ombre du superflu. Son personnel, toujours tenu en haleine campe sur le sol plutôt qu'il n'y habite, n'entre dans aucune des habitudes de la population; c'est plus qu'un soldat en garnison, c'est une sentinelle dans une place de guerre. Sa vigilance répond de nos jours, la moindre distraction dans sa consigne, le moindre écart de sa sobriété serait puni comme homicide, et après les institutions monastiques, rien ne saurait mieux enseigner l'austérité cénobitique qu'un gardien de barrière et un transmetteur de signaux [1]. »

Mademoiselle, vous qui, pendant votre adolescence avez été bercée au bruit de ces graves questions, vous me pardonnerez de m'être étendu sur les rapports des chemins de fer avec la civilisation morale. J'arrive à ce qui vous est personnel ; vous vous rappellerez que celui qui devient votre mari est votre *aîné* à tous les titres, qu'il apporte cette vigueur et cette maturité de conviction individuelle, qui tient à son âge et à sa personne, qu'il unit la raison à la jeunesse, que, par l'étude qui a devancé son âge, par la réflexion psychologique sur le monde social, il a et il aura de l'expérience pour *tous les deux*. Il vous préservera de ces marécages décevants, de ces exhalaisons malsaines que laisse après lui, pendant les éclipses momentanées du bon sens, le flux et reflux des absurdités publiques. Il vous guidera, pour que vous ne soyez pas trop meurtrie dans la rude bataille de la vie, pour que vous gardiez au milieu des péripéties diverses, votre imagination candide et la pureté de votre âme.

En ce monde, rien n'est précieux comme le repos individuel, mais rien n'est plus facile que de perdre ces biens de l'âme, cet équilibre si doux, et cet agrément de la vie. Votre mari achèvera de vous montrer que nous devons tous nous efforcer de supporter avec douceur les défauts des autres, par la conscience toujours présente de nos propres défauts et par une vue élevée des imperfections de la nature humaine. A force de nous irriter contre des accidents passagers, contre des défauts légers, dont l'effet est continuel, n'en venonsnous pas à une impatience, qui, sans cesse renaissante, mais toujours inutile, nous fatigue sans profit, et dissipe notre paix intérieure ?

Le compagnon de votre vie vous dira que nous avons toujours à établir une sorte de balance entre les défauts des hommes et leurs mérites ; et à nous demander s'il ne vaut pas

---

[1] *Dix ans d'agriculture*, par M. de Falloux : dans le *Correspondant* du 25 décembre 1862, p. 654.

mieux qu'ils soient tels qu'ils sont, avec des qualités réelles et quelques défauts; il avouera avec vous, que trop souvent ce ne sont pas ces misérables accidents de la vie quotidienne, ce qu'on appelle les coups d'épingle et les imperfections d'autrui qui *s'élèvent jusqu'à nous;* mais que c'est nous, au contraire, qui nous *plaisons à y descendre,* et à y laisser périr notre repos.

A côté de la politesse native et de la politesse d'éducation, l'apprentissage de la vie vient compléter en nous une autre politesse plus générale. Elle se développe en nous, Mademoiselle, avec l'expérience des hommes et des choses, car les rapports de la vie publique sont impossibles, si on ne sait pas supporter la contradiction et les opinions qui sont différentes des nôtres; la politesse n'est ainsi que la forme élégante de la patience et de la douceur proclamée par la religion, et que nous nous devons tous naturellement dans le monde. Elle nous sauve d'autrui et de nous-même, en enchaînant par la coutume et par la douce nécessité de ses usages, ce qu'il y a de despotique et de violent au fond de tous les cœurs. Elle nous ramène à nos propres principes, à la nécessité que nous reconnaissons d'ailleurs de sacrifier la passion au devoir.

C'était un usage oriental autrefois que, dans la célébration du mariage, le prêtre mît sur la tête des époux une couronne, ordinairement composée d'un rameau d'oliviers, orné de lisières blanches et couleur de pourpre. De là était venu l'usage en France aussi que, dans quelques provinces, les jeunes épouses vinssent à la cérémonie religieuse portant sur la tête un chapeau de fleurs.

Je ne doute pas, Mademoiselle, que vous ne réalisiez le symbolisme de ce couronnement, tel qu'il est interprété par saint Chrysostôme. Cette couronne faisait connaître, disait-il, la pureté et l'innocence de vie que les épouses apportent dans le mariage et la victoire qu'elles ont remporté sur leurs passions.

On pourra répéter les diverses formules qui étaient dites

pendant qu'on mettait les couronnes sur la tête de de l'époux
et de l'épouse, *coronatur servus Dei*, *propter ancillam Dei* :
Un serviteur de Dieu est couronné parce qu'une servante
de Dieu devient la gloire et la couronne de son époux. On
pourra reproduire ce que les prêtres disaient, en mettant la
couronne sur la tête des mariés : « Le Père saint les couronne d'honneur, le Fils éternel les bénit, le Saint-Esprit
achève le couronnement et la bénédiction. »

Le moment est venu ; vous allez dire l'un et l'autre la formule de votre donation réciproque et de votre fidélité mutuelle avec le sentiment que vous ne la retirerez jamais. Les
anges vont inscrire vos serments dans le ciel, et cette sympathique assemblée qui vous accompagne de ses vœux et de
ses prières, va applaudir à cette heure matinale et fleurie de
votre vie, à cette inauguration religieuse et bénie du prin-
temps de votre cœur.

Il y a ici, Mademoiselle, un père, une mère, dont les cœurs
tressaillent en ce moment : des frères et des sœurs dont les
cœurs palpitent de vos palpitations. Vous allez quitter bientôt cette grand'mère qui a été pour vous une seconde mère ;
naturellement retenue auprès de vous par son dévoûment,
vivant à vos côtés, elle a versé dans votre coupe le lait des
leçons enfantines, ces enseignements qu'une femme seule
sait donner et cette sagesse de la tradition qu'on se commu-
nique d'âge en âge et de génération en génération.

Nécessairement des fibres vont se déchirer par le transvase-
ment de vos foyers ; mais nécessairement aussi vous empor-
tez du toit natal, gravées dans votre cœur, ces leçons d'un
père et de cette mère seconde ; ils vous ont dit de faire marcher de front les convenances et la vérité, l'estime de la con-
sidération publique et la dignité chrétienne de la conscience ;
ils vous ont dit que pour une femme, la première célébrité,
c'est de *ne jamais faire parler de soi.*

Vous vous séparerez aussi de ces autres bons parents, de
ces oncles et de ces cousins tous appréciés pour leur amabilité cordiale, pour la franchise de leur caractère et pour la

distinction de leur esprit ; car quelques-uns ont à un haut degré le don de l'intelligence. Vous avez pu voir de vos yeux cette glorieuse école des temps nouveaux où il ne s'agit plus de l'homme *valant par ses ancêtres*, mais où l'on demande, sans exclure ce qui faisait le prestige du vieux monde, *de valoir par ses œuvres* et d'ajouter à la titulation héréditaire, quand on l'a, l'illustration personnelle.

Monsieur et Mademoiselle, parce que les principes chrétiens recevront toujours dans vos cœurs et dans votre vie une somptueuse hospitalité, nous prévoyons que le Christ vous apprendra à aimer. En avançant dans la vie, vous sentirez renaître de ses cendres le désir de vous aimer l'un l'autre. Soyez avec Dieu : un chant poétique l'a dit, « Les seuls amours fidèles sont avec lui ; » alors le souvenir de votre passé, le souvenir de cette cérémonie d'aujourd'hui, ne sera pas ce que le poëte appelle

> « Le souvenir, cette ronce immortelle
> « Attachée à nos cœurs. . . . . . .
> « . . . et qu'on en voudrait arracher. »

Que le rhythme de votre sommeil soit régulier comme le rhythme des berceaux, comme le rhythme de la vertu !

Un centre pour puiser des forces morales nouvelles nous est nécessaire à tous, pour pouvoir aller chaque jour à nos devoirs complexes et délicats. Pour tous il vient de ces nuages qui montent à l'esprit et le troublent ; il y a des temps pour tous, où la volonté défaille, on ne sait pas vouloir. Nul enfin ne peut promettre la veille qu'il n'expérimentera pas dans la série indéterminée de ses lendemains les mystifications de la vie.

A cause de cela il se fait une déperdition continuelle de forces individuelles. Qui les réparera ? Il nous faut un centre religieux, il faut un foyer de forces, placé en dehors des choses visibles et changeantes ; il faut un milieu lumineux, indépendant des fluctuations du théâtre quotidien de nos misères.

La fréquentation de ce centre, Monsieur et Mademoiselle, sera l'habitude la plus chère de votre vie.

Ce milieu réparateur quel est-il, si ce n'est Dieu cherché par le dogme et la tradition, Dieu rendu visible par le Christ, Dieu servi par le culte, par la prière devenue la *respiration de l'âme*, Dieu honoré par l'hommage d'un cœur qui se surveille et résiste aux entraînements du flot social, Dieu glorifié par les œuvres, par l'amour du bien et de la justice, par l'amour du prochain, par des sacrifices réels faits aux nobles causes.

Il n'y a point à innover pour cet ordre d'opérations ; nous devons recourir au Dieu qu'ont invoqué Bossuet, Fénelon, au Dieu que prie l'humble charbonnier, aussi bien que l'économiste spiritualiste de notre siècle. C'est là qu'iront chercher des énergies et des tranquillités ceux qui, en entrant dans le mariage, sont saisis par la crainte vague *de l'inconnu*, et n'ignorent point que l'*imprévu* occupe une grande place dans l'existence humaine.

Monsieur et Mademoiselle,

Après l'union de la terre, il y a l'époux immortel qui a promis le ciel pour dot, et après les roses qui se sèchent en un moment, il y a ces roses qui ne souffrent aucune flétrissure, *rosis immarcescibilibus* [1]. Je vous les souhaite à tous deux ; mais avant cela, que vos têtes ne se penchent pas de longtemps sur la cendre refroidie du foyer ; et qu'un jour,

---

[1] Grégoire de Tours, mentionne l'épouse du sénateur *Injuriosus* qui, n'ayant pas grand attrait à se marier, disait : « *Et pro rosis immarcescibilibus, arentium me rosarum non ornat, sed deformat spolium.* » (*Histo. Franc.*, l. I, n° 42.)

après une vie bien remplie de travaux, d'honorabilité et de vertus, vous arriviez l'un et l'autre à cet endroit, où les familles, à peine ébauchées sur la terre, se réunissent et se complètent, après avoir été un moment séparées par la jalousie de la mort.

PARIS. — IMP. W. REMQUET, GOUPY ET Cⁱᵉ, RUE GARANCIÈRE, 5.